El cambio en la gestión empresarial.

Del caos a la claridad.

Guía práctica para crear valor en el liderazgo y en las organizaciones.

Leaderships Evolves
by Max H Lucca

Editor and content creator: Max H. Lucca
Cover and interior design: Max H Lucca
Hoja de ruta del autor: www.linkedin.com/in/maxilucca
Contacto/ Sugerencias/ Telegram @maxhlucca
Digital-book ISBN: 9798864042977
Softcover- book ISBN: 9798864042977

INDICE

Prólogo.

Introducción al libro y su importancia en el contexto de gestión empresarial actual.

La gestión del cambio se ha convertido en un desafío fundamental para las empresas en el mundo empresarial de hoy en día. En un entorno empresarial cada vez más dinámico y competitivo, las organizaciones se enfrentan a la necesidad de adaptarse rápidamente a las demandas del mercado, implementar nuevos proyectos y alcanzar objetivos ambiciosos.

Este libro es un recurso imprescindible para aquellos que desean comprender y dominar la gestión del cambio en todas sus facetas. Desde la formación de equipos multidisciplinarios hasta la creación y ejecución de proyectos, automatización de procesos, menor esfuerzo humano y con resultados óptimos y de escalabilidad, pasando por la importancia de establecer un cambio de mindset y comunicación.

Exploramos los conceptos fundamentales de la gestión del cambio en corporaciones de todos los tamaños y sectores. Aprenderás cómo formar equipos cohesionados, capaces de enfrentar los retos y superar obstáculos en el camino hacia el éxito. Descubrirás estrategias efectivas para llevar a cabo la ejecución exitosa de proyectos, asegurando que se alcancen los objetivos planteados en tiempo y forma.

Crea estructuras autosuficientes y dinámicas con una comunicación clara y de impacto.

Además, profundizaremos en la importancia de establecer métricas claras y objetivas para evaluar el progreso de los proyectos y tomar decisiones fundamentadas. Te enseñaremos cómo analizar datos, identificar desvíos y realizar ajustes necesarios para mantener el rumbo y alcanzar los resultados deseados.

Pero este libro no solo trata de teoría. Aquí encontrarás casos de estudio reales, ejemplos concretos de empresas que han enfrentado desafíos en la gestión del cambio y han logrado superarlos con éxito. Estos ejemplos prácticos te proporcionarán ideas y mejores prácticas que podrás aplicar en tu propia organización.

El mundo empresarial está en constante evolución, crecimiento, de mejora, y la gestión del cambio se ha convertido en una habilidad clave para el éxito empresarial.

Con este libro, te brindamos las herramientas y conocimientos necesarios para navegar por las aguas turbulentas del cambio y liderar a tu equipo hacia un futuro próspero.

La gestión del cambio es un proceso que se enfoca en planificar, dirigir y controlar las actividades relacionadas con la implementación de cambios en una organización.

Estos cambios pueden ser de diversa índole, como la adopción de nuevas tecnologías, procesos, estructuras organizativas o culturales.

El objetivo de la gestión del cambio es facilitar una transición suave y exitosa desde el estado actual al estado deseado, minimizando las resistencias y maximizando la aceptación de los empleados o miembros involucrados en el proceso.

La gestión del cambio abarca aspectos como la comunicación efectiva, la capacitación y el desarrollo de habilidades, la identificación y manejo de riesgos, así como la evaluación de resultados y la adaptación continua.

Es fundamental en entornos empresariales en constante evolución, ya que permite a las organizaciones adaptarse a nuevos desafíos, mantener su competitividad y lograr sus objetivos estratégicos de manera efectiva. La gestión del cambio es esencial para minimizar la incertidumbre y garantizar que los cambios implementados sean exitosos y sostenibles a largo plazo.

En última instancia, el éxito de la gestión del cambio radica en las personas, en su capacidad para adaptarse, colaborar y crecer juntas. Este libro te ayudará a comprender cómo promover una cultura organizacional que valore el cambio como una oportunidad de crecimiento, y cómo convertirte en un agente del cambio positivo en tu empresa.

Los procesos llevan su tiempo, cambiar el mindset en las personas y adaptarlas a marcos interdisciplinarios, de cultura y adaptaciones a dinámicas distintas tienen cualidades positivas, tiempos de adaptaciones pero con factores de resultados positivos, medibles para tomar mejores decisiones en los equipos, empresas, y hasta gubernamentales.

Cambio de mentalidad, enfoque interdisciplinario, capacidad de adaptación, escalabilidad y comunicación son algunos de los factores a modificar para lograr resultados positivos y diversos.

Espero que estas páginas inspiren y te den el impulso necesario para abrazar la gestión del cambio con entusiasmo y determinación. Ahora es el momento de tomar acción y liderar tu organización hacia el éxito en un mundo en constante.

Adelante en este viaje con transformación y mejora, y siempre con la mente proyectando y cambiando

Capítulo 1

Mantén el cambio, y automatiza procesos.

La importancia de adoptar un mindset abierto al cambio.

La importancia de adoptar una mentalidad abierta al cambio dentro de las estructuras empresariales es un concepto fundamental en el mundo empresarial actual. Vivimos en una época de constante evolución y disrupción, donde los avances tecnológicos, las tendencias del mercado y las dinámicas competitivas cambian rápidamente. En este contexto, las organizaciones que se aferran a estructuras rígidas y una mentalidad resistente al cambio corren el riesgo de quedarse atrás y perder su relevancia.

Una mentalidad abierta al cambio implica estar dispuesto a cuestionar el *statu quo* y a abrazar nuevas ideas y enfoques. Significa reconocer que lo que funcionó en el pasado no necesariamente funcionará en el futuro y estar dispuesto a adaptarse a las cambiantes circunstancias. Esto no solo se aplica a las estrategias empresariales, sino también a la cultura organizacional, las prácticas de gestión y la forma en que las empresas interactúan con sus clientes y empleados.

Una de las principales ventajas de una mentalidad abierta al cambio es su capacidad para fomentar la innovación. Las organizaciones que alientan a sus empleados a buscar constantemente nuevas formas de hacer las cosas están mejor posicionadas para desarrollar productos y servicios innovadores que satisfagan las necesidades cambiantes de los clientes. Además, una mentalidad de este tipo promueve la experimentación y la creatividad, lo que a menudo conduce a avances significativos.

Una mentalidad abierta al cambio también mejora la toma de decisiones. Cuando las empresas están dispuestas a considerar diferentes perspectivas y a adaptar sus estrategias en función de la información disponible, tienen más probabilidades de tomar decisiones acertadas. Esto es especialmente importante en un mundo empresarial caracterizado por la incertidumbre y la volatilidad.

En última instancia, el cambio de mindset es esencial para la supervivencia y el éxito en el entorno empresarial actual. Ayuda a las organizaciones a ser más flexibles, ágiles y resilientes, lo que les permite aprovechar oportunidades y superar desafíos con eficacia.

Además, atrae a profesionales talentosos que desean formar parte de empresas que promueven el crecimiento y la adaptación continua. En resumen, es un enfoque que impulsa la innovación, mejora la resiliencia y fortalece la capacidad de una organización para prosperar en un mundo empresarial en constante cambio.

La necesidad de eliminar prejuicios y creencias obsoletas.

La necesidad de eliminar prejuicios y creencias obsoletas en el entorno empresarial es una cuestión crítica en la era moderna. A medida que las organizaciones buscan mantenerse competitivas y relevantes en un mundo en constante cambio, es esencial abordar estos prejuicios y creencias que pueden actuar como barreras para el progreso. Los prejuicios y creencias obsoletas pueden tomar muchas formas, desde estereotipos basados en género o raza hasta suposiciones arraigadas sobre cómo funcionan los negocios. Eliminarlos es esencial por varias razones.

En primer lugar, la diversidad e inclusión se han convertido en aspectos esenciales de la cultura empresarial actual. Las empresas que valoran y fomentan la diversidad de género, etnia, orientación sexual y antecedentes culturales están mejor posicionadas para atraer y retener talento diverso y creativo. La diversidad de pensamiento y experiencia a menudo conduce a una toma de decisiones más informada y a soluciones empresariales más innovadoras. Por ejemplo, numerosos estudios han demostrado que las empresas con equipos de liderazgo diversificados tienen un desempeño financiero superior.

Un ejemplo destacado de la importancia de eliminar prejuicios es el movimiento hacia la igualdad de género en el lugar de trabajo. Durante mucho tiempo, las creencias y los prejuicios obsoletos han llevado a una subrepresentación de las mujeres en roles de liderazgo y han limitado su avance en muchas industrias. Sin embargo, a medida que las organizaciones reconocen y eliminan estos prejuicios, están promoviendo la equidad de género y aprovechando el potencial de liderazgo y la experiencia de las mujeres.

Además, las creencias obsoletas pueden limitar la capacidad de una organización para adaptarse a nuevas tecnologías y tendencias. Por ejemplo, si una empresa está arraigada en la creencia de que su modelo de negocio tradicional es invulnerable, puede perder la oportunidad de adoptar nuevas soluciones digitales que están transformando la industria. La eliminación de creencias obsoletas permite a las organizaciones ser más ágiles y receptivas a las oportunidades emergentes.

En resumen, la eliminación de prejuicios y creencias obsoletas es esencial para el éxito empresarial en la actualidad. Promueve la diversidad y la inclusión, mejora la toma de decisiones, fomenta la innovación y permite a las organizaciones adaptarse a las cambiantes condiciones del mercado. Aquellas empresas que reconocen la necesidad de eliminar estos obstáculos y promover un ambiente de mente abierta están mejor posicionadas para prosperar en un mundo empresarial en constante evolución.

Para que una empresa pueda comenzar a eliminar prejuicios y creencias obsoletas, es importante seguir un enfoque estructurado y consciente. Aquí te presento una lista de los principales aspectos a considerar:

- **Compromiso de la Alta Dirección:** El compromiso y el liderazgo de la alta dirección son esenciales. Los líderes deben respaldar y promover activamente la eliminación de prejuicios y creencias obsoletas en toda la organización.

- **Evaluar la Situación Actual:** Realizar una evaluación honesta de la cultura organizacional y de las prácticas actuales para identificar prejuicios y creencias obsoletas. Esto puede incluir encuestas, grupos focales y revisiones de políticas.

- **Establecer Objetivos Claros:** Definir objetivos y metas específicas para la eliminación de prejuicios y creencias obsoletas. Estos objetivos deben ser medibles y alcanzables.

- **Educación y Sensibilización:** Proporcionar capacitación y programas de sensibilización sobre diversidad, inclusión y prejuicios. Esto ayuda a crear conciencia y a cambiar actitudes.

- **Revisión de Políticas y Prácticas:** Examinar y actualizar las políticas de recursos humanos, contratación, promoción y compensación para eliminar posibles sesgos y barreras.

- **Promover la Diversidad en la Contratación:** Adoptar prácticas de contratación que promuevan la diversidad, como la implementación de procesos de selección ciegos o la adopción de políticas de inclusión en la contratación.

- **Fomentar la Comunicación Abierta:** Crear un ambiente en el que los empleados se sientan cómodos compartiendo experiencias y preocupaciones relacionadas con la diversidad y la inclusión.

- **Desarrollar Programas de Mentoring y Coaching:** Establecer programas que promuevan el desarrollo y el avance de empleados de grupos subrepresentados.

- **Medición y Seguimiento:** Implementar métricas y sistemas de seguimiento para evaluar el progreso hacia la eliminación de prejuicios y creencias obsoletas. Esto permite ajustar estrategias según sea necesario.

- **Promover la Equidad de Género y Raza:** Específicamente, abordar las brechas de género y raza mediante la promoción de políticas y programas que reduzcan estas disparidades.

- **Modelar el Comportamiento:** Los líderes de la organización deben actuar como modelos a seguir al abrazar la diversidad y la inclusión en sus propias acciones y decisiones.

- **Incentivos y Reconocimiento:** Reconocer y recompensar a los empleados y equipos que contribuyen a la eliminación de prejuicios y creencias obsoletas.

- **Promover la Inclusión en la Toma de Decisiones:** Asegurarse de que las voces de empleados diversos sean escuchadas en todos los niveles de toma de decisiones de la empresa.

- **Evaluar y Ajustar Regularmente:** Realizar evaluaciones periódicas para evaluar el progreso y realizar ajustes según sea necesario.

- **Comunicar Resultados:** Comunicar los logros y el progreso en la eliminación de prejuicios y creencias obsoletas a empleados, clientes y otras partes interesadas para demostrar el compromiso de la organización.

La eliminación de prejuicios y creencias obsoletas es un proceso continuo que requiere un esfuerzo constante y un cambio cultural profundo. Al abordar estos aspectos clave, una empresa puede avanzar hacia una cultura más inclusiva y diversa, lo que a su vez puede tener un impacto positivo en la moral de los empleados, la reputación de la empresa y su éxito a largo plazo.

Análisis de las consecuencias de la resistencia al cambio en las empresas.

La resistencia al cambio en las empresas puede tener una serie de consecuencias negativas que afectan tanto a nivel organizativo como individual. Es importante comprender estas consecuencias para poder abordar eficazmente la resistencia al cambio y facilitar una transición más suave hacia nuevas prácticas o procesos. Aquí se detallan algunas de las principales consecuencias:

- **Estancamiento y Falta de Innovación:** Uno de los mayores riesgos de la resistencia al cambio es que la empresa puede quedarse estancada en sus prácticas y procesos existentes. Esto dificulta la adopción de nuevas tecnologías, estrategias y enfoques innovadores que podrían mejorar la eficiencia y la competitividad.

- **Pérdida de Oportunidades:** La resistencia al cambio puede llevar a la pérdida de oportunidades de negocio. Por ejemplo, si una empresa se niega a adoptar nuevas tendencias del mercado o no se adapta a las necesidades cambiantes de los clientes, puede perder cuota de mercado y ventajas competitivas.

- **Moral y Productividad Baja:** Los empleados que resisten el cambio a menudo experimentan niveles más bajos de satisfacción laboral y moral. Pueden sentirse frustrados, ansiosos o inseguros acerca de su futuro en la empresa. Esto puede llevar a una disminución en la productividad y el compromiso.

- **Conflictos Internos:** La resistencia al cambio puede generar conflictos internos en la organización. Los empleados pueden enfrentarse entre sí o con la dirección, lo que crea un ambiente de trabajo tenso y poco colaborativo.

- **Retroceso en la Adaptación:** En un entorno empresarial en constante cambio, la capacidad de adaptación es esencial. La resistencia al cambio puede dificultar la adaptación a nuevas circunstancias y limitar la capacidad de la empresa para responder rápidamente a desafíos u oportunidades inesperadas.

- **Efectos en la Reputación:** Si una empresa es percibida como rezagada o inflexible debido a la resistencia al cambio, esto puede afectar negativamente su reputación en el mercado. Los clientes y socios comerciales pueden preferir trabajar con empresas más ágiles y adaptables.

- **Altos Costos de Implementación:** La resistencia al cambio puede hacer que la implementación de nuevos procesos o tecnologías sea más costosa y prolongada de lo necesario. Los esfuerzos para superar la resistencia pueden requerir recursos adicionales y tiempo.

- **Desconexión con el Mercado:** La falta de adaptación al cambio puede llevar a la desconexión con las tendencias del mercado y las expectativas de los clientes. Esto puede resultar en la pérdida de relevancia y en la disminución de la demanda de los productos o servicios de la empresa.

- **Pérdida de Talento:** Los empleados más adaptables y abiertos al cambio pueden optar por dejar la empresa en busca de entornos más dinámicos y emocionantes. La pérdida de talento clave puede tener un impacto significativo en la organización.

Para abordar la resistencia al cambio de manera efectiva, las empresas deben comunicar claramente los beneficios del cambio, involucrar a los empleados en el proceso de toma de decisiones, proporcionar capacitación y apoyo adecuados, y mostrar un liderazgo sólido y compromiso con la adaptación. La gestión del cambio es una disciplina importante que puede ayudar a mitigar muchas de estas consecuencias negativas y facilitar una transición exitosa hacia nuevos horizontes empresariales.

Cómo la automatización de procesos puede impulsar la eficiencia empresarial.

La automatización de procesos es una estrategia clave para impulsar la eficiencia empresarial en la era digital. Consiste en utilizar tecnologías y sistemas para realizar tareas y procesos repetitivos de manera automatizada, lo que tiene un impacto significativo en varios aspectos de una organización. Aquí se desarrollan y amplían los beneficios y formas en que la automatización de procesos puede impulsar la eficiencia empresarial:

- **Reducción de errores y mejora de la precisión:** Los seres humanos son propensos a cometer errores, especialmente en tareas monótonas y repetitivas. La automatización elimina esta fuente de error y mejora la precisión en la ejecución de tareas, lo que reduce los costos asociados con la corrección de errores y mejora la calidad del trabajo realizado.

- **Aumento de la productividad:** La automatización permite que las tareas se completen de manera más rápida y constante, lo que aumenta la productividad de los empleados. Los procesos automatizados pueden funcionar las 24 horas del día, los 7 días de la semana, sin necesidad de descanso, lo que aumenta la capacidad de producción.

- **Reducción de costos operativos:** Al reducir la necesidad de intervención humana en tareas repetitivas, la automatización disminuye los costos operativos relacionados con la mano de obra, como salarios y beneficios. También puede reducir los costos asociados con el tiempo de inactividad y los errores.

- **Mayor velocidad y agilidad:** La automatización permite que las organizaciones respondan más rápidamente a las demandas cambiantes del mercado. Los procesos automatizados pueden ajustarse y escalarse fácilmente para adaptarse a las necesidades comerciales en constante evolución.

- **Mayor consistencia y cumplimiento:** Los procesos automatizados siguen reglas y directrices predefinidas de manera consistente, lo que garantiza el cumplimiento normativo y reduce el riesgo de infracciones y sanciones. Esto es especialmente importante en industrias altamente reguladas como la atención médica y las finanzas.

- **Mejora en la toma de decisiones:** La automatización proporciona datos en tiempo real y análisis precisos sobre el rendimiento de los procesos. Esto permite a los líderes empresariales tomar decisiones más informadas y estratégicas, lo que puede aumentar la ventaja competitiva.

- **Mayor satisfacción del cliente:** La automatización puede agilizar la entrega de productos y servicios, reducir los tiempos de respuesta y mejorar la experiencia del cliente. Esto puede conducir a una mayor satisfacción del cliente y a una retención de clientes más sólida.

- **Liberación de talento humano:** Al automatizar tareas rutinarias, las organizaciones pueden liberar a su talento humano para que se enfoque en actividades de mayor valor, como la creatividad, la innovación, la toma de decisiones estratégicas y la atención al cliente.

- **Escalabilidad:** La automatización facilita la expansión de operaciones sin necesidad de un aumento proporcional en la fuerza laboral. Esto es especialmente valioso para las empresas que experimentan un crecimiento rápido.

- **Mejora en la competitividad:** Las organizaciones que adoptan la automatización de procesos pueden mejorar su eficiencia operativa y, en última instancia, ser más competitivas en el mercado global.

En resumen, la automatización de procesos es una herramienta poderosa para impulsar la eficiencia empresarial al reducir errores, aumentar la productividad, reducir costos y permitir una toma de decisiones más informada. Las organizaciones que adoptan la automatización pueden posicionarse mejor para prosperar en un entorno empresarial cada vez más competitivo y dinámico.

La ejecución y automatización de los procesos.

La automatización de procesos en una compañía es una oportunidad clave para impulsar la eficiencia y liberar el potencial creativo de los equipos. Al dejar de lado los temas burocráticos que ralentizan y complican nuestras operaciones, podemos acelerar el flujo de trabajo, optimizar recursos y evitar pérdidas financieras innecesarias.

El primer paso para automatizar procesos es identificar aquellos que son repetitivos y que consumen tiempo y recursos significativos. Estos pueden incluir tareas manuales de procesamiento de datos, aprobaciones de documentos, seguimiento de inventarios, entre otros. Al implementar soluciones tecnológicas adecuadas, podemos agilizar y simplificar estos procesos, liberando a nuestros empleados para que se enfoquen en actividades estratégicas y de mayor valor agregado.

La automatización nos permite establecer flujos de trabajo más eficientes y transparentes, lo que disminuye el riesgo de errores y retrasos en la toma de decisiones. Al eliminar la intervención humana en tareas rutinarias, también reducimos la posibilidad de sesgos y juicios subjetivos que pueden afectar negativamente nuestros resultados.

Además de mejorar la velocidad y precisión de nuestras operaciones, la automatización de procesos nos brinda una visión más clara y detallada de nuestro negocio. Con el análisis de datos en tiempo real, podemos obtener información valiosa que nos permite tomar decisiones informadas y estratégicas. Esto nos ayuda a identificar oportunidades de mejora y optimización, así como a anticipar posibles desafíos y tomar acciones preventivas.

La cultura organizacional también juega un papel fundamental en el éxito de la automatización. Es importante fomentar una mentalidad abierta al cambio y a la innovación entre nuestros equipos. La capacitación y el acompañamiento durante el proceso de implementación son esenciales para asegurar una adopción efectiva y un compromiso sostenible por parte de los empleados.

Al automatizar procesos y dejar de lado la burocracia, nos posicionamos como una empresa ágil y adaptable, capaz de responder con rapidez a las demandas del mercado y a los cambios del entorno empresarial. La eficiencia ganada nos permite enfocarnos en nuestro core business y en la creación de valor para nuestros clientes, lo que nos diferencia y nos posiciona como líderes en nuestro sector.

En conclusión, la automatización de procesos es una herramienta poderosa para dejar atrás los temas burocráticos que impactan en nuestro tiempo, objetivos y pérdida de plata. Nos brinda la oportunidad de transformar nuestra compañía en una organización más eficiente, ágil y competitiva, capaz de aprovechar todo su potencial y alcanzar el éxito sostenible en un mercado en constante evolución.

Para ejecutar la automatización de procesos y dejar de lado los temas burocráticos, se requiere un enfoque estructurado y estratégico.

Dejo algunas claves para poder llevarlo adelante::

Identificar procesos a automatizar:

Realiza un análisis exhaustivo de los procesos en tu compañía para identificar aquellos que son repetitivos, consumen tiempo y recursos significativos, y están sujetos a errores humanos. Prioriza aquellos que ofrecen el mayor potencial de mejora y eficiencia.

Definir objetivos claros:

Establece metas concretas y medibles para la automatización de cada proceso. Define cómo se medirá el éxito y qué beneficios específicos se esperan alcanzar, como reducción de tiempos, ahorro de costos o mejora en la calidad.

Seleccionar la tecnología adecuada:

Investiga y selecciona las soluciones tecnológicas que mejor se adapten a las necesidades de automatización de tus procesos. Considera factores como funcionalidad, integración con sistemas existentes y facilidad de uso.

Diseñar el flujo de trabajo automatizado:
Crea un diseño detallado del flujo de trabajo automatizado, definiendo las etapas, puntos de control y responsabilidades de cada actor involucrado. Asegúrate de que el proceso sea lógico y esté alineado con los objetivos establecidos.

Desarrollar y probar la solución:
Implementa la solución tecnológica y realiza pruebas exhaustivas para garantizar su correcto funcionamiento y que cumple con los objetivos establecidos. Es importante involucrar a los usuarios finales en esta etapa para obtener retroalimentación y realizar ajustes según sea necesario.

Capacitar y sensibilizar a los empleados:
Brinda capacitación adecuada a los empleados que utilizarán la solución automatizada. Explícales los beneficios y la importancia de la automatización para que comprendan su relevancia y se sientan comprometidos con el cambio.

Gestionar el cambio:
La automatización implica un cambio en la forma de trabajar, por lo que es fundamental gestionar el cambio de manera efectiva. Comunica de manera clara y transparente sobre los objetivos, beneficios y expectativas asociadas con la automatización.

Monitorear y evaluar:
Realiza un seguimiento continuo del desempeño del proceso automatizado. Utiliza métricas y análisis de datos para evaluar el impacto de la automatización en términos de eficiencia, ahorro de costos y calidad de resultados.

Mejora continua:
Identifica oportunidades de mejora y optimización en el proceso automatizado. Fomenta una cultura de mejora continua donde los empleados estén empoderados para proponer mejoras y soluciones innovadoras.

Expandir la automatización:
A medida que obtengas resultados positivos con la automatización de procesos, considera expandir su aplicación a otros procesos dentro de la compañía. El éxito en un proceso automatizado puede ser una plataforma para la adopción más amplia de la automatización en la organización.

El cambio de mindset y una mente más pura son elementos esenciales para lograr objetivos claros y de impacto, automatizar procesos y permitir que las organizaciones sean autosuficientes, reduciendo costos, promover el trabajo con nuevas metodologías, enfocando procesos ágiles, iteración y fomentado la velocidad y la adaptabilidad en procesos en paralelo y aumentando la eficiencia. (Muy distinto son los procesos en cascada que muchos años anteriores se venían forjando las empresas).

Capítulo 2

Las diferentes estructuras empresariales y los dinamismos

En este capítulo, se aborda la transición de las estructuras empresariales tradicionales a las modernas, y se analizan las limitaciones del modelo empresarial convencional junto con el impacto positivo de las estructuras modernas.

Examinando el modelo empresarial tradicional y sus limitaciones.

Se hace evidente que este enfoque clásico de gestión empresarial ha perdido relevancia en un mundo empresarial en constante evolución. Estas estructuras tradicionales se caracterizan por su jerarquía rígida, burocracia excesiva y una comunicación vertical que a menudo obstaculiza la eficiencia y la innovación.

Además, la resistencia al cambio es común en estas organizaciones, lo que las hace menos ágiles y menos preparadas para adaptarse a un entorno empresarial en constante cambio. La falta de flexibilidad, la cultura organizacional arraigada y la comunicación ineficiente son solo algunas de las limitaciones que las empresas tradicionales deben abordar para mantenerse competitivas en el mercado actual.

A continuación, se detallan las principales limitaciones del modelo empresarial tradicional que requieren una revisión y adaptación para sobrevivir y prosperar en la era moderna.

Jerarquía rígida:

El modelo empresarial tradicional a menudo se caracteriza por una jerarquía rígida y una estructura organizativa piramidal. Esto puede conducir a una toma de decisiones lenta y a la falta de flexibilidad para adaptarse a cambios rápidos en el entorno empresarial.

Burocracia:

Las estructuras empresariales tradicionales tienden a ser burocráticas, con una gran cantidad de reglas y procedimientos. Esto puede dificultar la innovación y la creatividad, ya que los empleados pueden sentirse limitados por la burocracia.

Comunicación ineficiente:

La comunicación a través de múltiples niveles jerárquicos puede ser ineficiente y propensa a malentendidos. Esto puede dar lugar a problemas de coordinación y a una falta de alineación entre los diferentes departamentos y equipos.

Resistencia al cambio:

Las estructuras tradicionales a menudo fomentan la resistencia al cambio, ya que los empleados pueden temer la interrupción de la estabilidad que ofrece la jerarquía existente.

Falta de agilidad:
En un entorno empresarial en constante cambio, la falta de agilidad de las estructuras tradicionales puede ser una desventaja significativa. Pueden ser lentas para adaptarse a nuevas oportunidades o amenazas, lo que puede limitar la capacidad de la empresa para mantenerse competitiva y relevante en el mercado.

Departamentalización Tradicional:
Las organizaciones antiguas a menudo se organizan en departamentos estrechos y funcionales, lo que puede dificultar la colaboración interdepartamental y la comunicación efectiva.

Procesos burocráticos:
La burocracia puede ralentizar la toma de decisiones y la implementación de cambios. Los procedimientos y protocolos establecidos a menudo se siguen de manera rígida, lo que dificulta la adaptación a circunstancias cambiantes.

Cultura de la Organización:
La cultura organizacional en estas estructuras puede ser resistente al cambio. Los valores y las normas a menudo promueven la estabilidad y la adherencia a prácticas tradicionales.

Falta de innovación:

Las estructuras empresariales tradicionales pueden tener dificultades para fomentar la innovación y la creatividad, ya que la autoridad y la toma de decisiones están centralizadas en un pequeño grupo de personas.

Comunicación Vertical:

La comunicación suele ser principalmente vertical, lo que significa que la información fluye de arriba hacia abajo y viceversa de manera limitada. Esto puede resultar en la falta de retroalimentación efectiva y en la falta de transparencia.

Rigidez Organizativa:

La organización tiende a ser rígida y difícil de adaptar a las cambiantes condiciones del mercado. Los cambios en la estrategia o en la estructura pueden llevar mucho tiempo y esfuerzo.

Enfoque en el Corto Plazo:

Las organizaciones tradicionales pueden centrarse en el cumplimiento de objetivos a corto plazo en lugar de invertir en estrategias a largo plazo.

Resistencia al Cambio:

Los empleados y la dirección a menudo pueden ser resistentes al cambio, ya que están acostumbrados a la forma tradicional de hacer las cosas y pueden temer la incertidumbre que acompaña a las transformaciones.

Dentro de un contexto de problemas a ir cambiando se condensan principios fundamentales del management, enfatizan la importancia del cambio, la adaptabilidad, el liderazgo y la innovación en el camino hacia el éxito empresarial.

Perder empleados en organizaciones de **producción, manufactura o servicios** debido a proyectos y trabajos monótonos, falta de procesos y resistencia al cambio o la implementación de modelos nuevos de negocio es una situación desafiante para las empresas.

Algunas razones por las cuales esto puede ocurrir:

- **Falta de motivación y satisfacción:** Los empleados pueden sentirse desmotivados y poco satisfechos al realizar tareas monótonas y repetitivas sin desafíos significativos o oportunidades de crecimiento.

- **Estancamiento profesional:** La falta de procesos claros y la ausencia de oportunidades para desarrollar nuevas habilidades pueden llevar a los empleados a sentir que sus carreras están estancadas en la organización.

- **Resistencia al cambio:** La negativa a adoptar nuevas estrategias o modelos de negocio puede crear un ambiente de estancamiento y desinterés entre los empleados, lo que podría llevarlos a buscar oportunidades laborales en otro lugar.

- **Pérdida de competitividad:** La falta de adaptación a nuevas tendencias del mercado o tecnologías puede hacer que la empresa pierda competitividad frente a otras organizaciones más innovadoras.

- **Ambiente laboral poco atractivo:** Un entorno de trabajo monótono y sin posibilidades de crecimiento puede resultar poco atractivo para empleados talentosos que buscan desafíos y oportunidades de desarrollo profesional.

- **Dificultades para retener talento:** La falta de procesos estructurados y una mentalidad abierta al cambio pueden afectar la retención de empleados clave en la organización.

Para evitar perder empleados y fomentar un entorno de trabajo más atractivo y productivo, las organizaciones deben considerar lo siguiente:

- Implementar procesos claros y eficientes para mejorar la productividad y reducir la monotonía en las tareas diarias.

- Fomentar una cultura de innovación y aprendizaje, donde se anime a los empleados a proponer nuevas ideas y soluciones.

- Brindar oportunidades de desarrollo profesional y capacitación para que los empleados puedan adquirir nuevas habilidades y crecer dentro de la organización.

- Reconocer y recompensar el buen desempeño y las contribuciones significativas de los empleados para aumentar su motivación y satisfacción laboral.

- Establecer canales de comunicación abiertos y transparentes para que los empleados se sientan escuchados y puedan expresar sus inquietudes y sugerencias.

- Buscar modelos de negocio innovadores y diversificar la oferta de productos o servicios para mantenerse relevantes en un mercado competitivo.

En general, las organizaciones que abrazan el cambio, implementan estrategias innovadoras y se preocupan por el desarrollo y bienestar de sus empleados tienen más posibilidades de retener talento y alcanzar el éxito sostenible en el largo plazo.

A nivel global, numerosas multinacionales han enfrentado desafíos relacionados con proyectos y trabajos monótonos, falta de procesos y resistencia al cambio, lo que ha llevado a la pérdida de empleados y problemas en su eficiencia y competitividad. Sin embargo, muchas de estas empresas han buscado soluciones a través del cambio de nuevas gestiones, procesos y análisis de datos para mejorar su toma de decisiones.

Estos ejemplos demuestran cómo una actitud abierta al cambio y la innovación puede llevar a resultados exitosos en diferentes contextos empresariales. Alentando a los líderes y equipos a adoptar una mentalidad positiva y proactiva, las organizaciones pueden posicionarse para el éxito a largo plazo en un entorno empresarial en constante evolución.

10 positivas frases a considerar para el cambio requerido:

1. El cambio es la clave para la evolución y la supervivencia en el mundo empresarial.

2. La resistencia al cambio es el mayor obstáculo para el progreso.

3. Una mente abierta y receptiva al cambio es el combustible del crecimiento empresarial.

4. La innovación es el motor que impulsa el éxito en un mundo en constante transformación.

5. No hay fracasos, solo oportunidades de aprendizaje para mejorar.

6. La adaptabilidad es la habilidad más valiosa en la era de la disrupción tecnológica.

7. El liderazgo efectivo inspira el cambio y empodera a otros para alcanzar su máximo potencial.

8. La automatización inteligente desbloquea nuevas fronteras de eficiencia y productividad.

9. El cambio cultural es la base sólida para el crecimiento sostenible de una organización.

10. La resiliencia frente a los desafíos es el sello distintivo de una empresa exitosa.

Introducción a las estructuras empresariales modernas y su impacto positivo.

Las estructuras empresariales modernas han experimentado una transformación significativa, con un impacto positivo en diversas áreas. Estas organizaciones se caracterizan por ser más planas y orientadas hacia redes, lo que significa menos jerarquía y una colaboración horizontal más sólida entre empleados y equipos. La cultura de innovación florece en estas empresas, alentando a los empleados a contribuir con ideas creativas y participar en un proceso constante de mejora. La toma de decisiones descentralizada es una norma, lo que permite respuestas más rápidas y adaptación ágil a desafíos y oportunidades cambiantes.

Organizaciones planas y estructuras en red:

Las estructuras empresariales modernas a menudo se caracterizan por ser más planas y orientadas hacia redes. Esto implica menos capas jerárquicas y una mayor colaboración horizontal entre los empleados y los equipos.

Cultura de innovación:

Las organizaciones modernas tienden a fomentar una cultura de innovación y creatividad. Se alienta a los empleados a aportar ideas y contribuir al proceso de mejora continua.

Toma de decisiones descentralizada:

En lugar de que las decisiones se tomen únicamente en la cima de la jerarquía, las estructuras modernas permiten una toma de decisiones más descentralizada. Esto agiliza el proceso y permite una respuesta más rápida a las oportunidades y desafíos.

Flexibilidad y adaptabilidad:

Las estructuras modernas son más flexibles y pueden adaptarse rápidamente a cambios en el mercado o en las condiciones económicas. Esto las hace mejor preparadas para enfrentar la incertidumbre y la volatilidad.

Tecnología y automatización:
Las organizaciones modernas suelen aprovechar la tecnología y la automatización para optimizar procesos y mejorar la eficiencia operativa.

Empoderamiento de empleados:
Las estructuras modernas a menudo empoderan a los empleados, dándoles más autonomía y responsabilidad en sus roles. Esto puede aumentar la satisfacción laboral y la retención de talento.

Enfoque en la sostenibilidad:
Muchas organizaciones modernas también están orientadas hacia la sostenibilidad y la responsabilidad social corporativa, reconociendo la importancia de su impacto en la sociedad y el medio ambiente.

Además, estas estructuras empresariales son conocidas por su flexibilidad y adaptabilidad. Pueden responder rápidamente a las fluctuaciones del mercado y las condiciones económicas, lo que las hace más resistentes a la incertidumbre. La adopción de tecnología y la automatización son prácticas comunes, lo que optimiza los procesos internos y mejora la eficiencia operativa.

En el corazón de estas organizaciones se encuentra el empoderamiento de los empleados, quienes disfrutan de una mayor autonomía y responsabilidad en sus roles. Esto no solo conduce a una mayor satisfacción laboral, sino que también aumenta la retención de talento, ya que los empleados se sienten valorados y tienen un sentido real de propiedad en su trabajo.

Por último, pero no menos importante, estas estructuras modernas tienen un fuerte enfoque en la sostenibilidad y la responsabilidad social corporativa. Comprenden la importancia de su impacto en la sociedad y el medio ambiente y trabajan activamente para minimizar ese impacto y contribuir de manera positiva a la comunidad y al planeta.

En resumen, las estructuras empresariales modernas representan un enfoque fresco y adaptable para la gestión empresarial. Están diseñadas para prosperar en un mundo en constante cambio y promover una cultura de innovación, colaboración y sostenibilidad. Estas características no solo benefician a las organizaciones, sino que también tienen un impacto positivo en empleados, clientes y la sociedad en general.

Capítulo 3

¿Cómo planificar el cambio y no morir en el intento?

Planificar y llevar a cabo un cambio en la estructura empresarial tradicional hacia una estructura transformacional y de nuevos paradigmas es un proceso complejo que requiere una cuidadosa planificación y ejecución. Aquí tienes un enfoque paso a paso para ayudarte a realizar esta transición con éxito:

Análisis y Evaluación Inicial:
- Comprende la estructura empresarial actual y sus limitaciones.
- Identifica los problemas y desafíos que el cambio pretende abordar.
- Establece objetivos claros para el cambio, como mejorar la innovación, la agilidad o la eficiencia.

Definición de la Visión y Estrategia:
- Crea una visión clara de cómo se verá la empresa después del cambio.
- Desarrolla una estrategia que describa cómo alcanzar esa visión.

- Asegúrate de que todos los miembros del equipo comprendan y respalden esta visión y estrategia con una comunicación clara.

Compromiso de la Alta Dirección:
- Obtén el compromiso y el apoyo de los líderes de la empresa.
- Designa a un líder o equipo encargado del cambio (como un director de transformación) que diagrame un management system.
- Asigna recursos necesarios para llevar a cabo el cambio.

Comunicación Efectiva:
- Comunica la visión, estrategia y razones para el cambio de manera clara y constante.
- Escucha y responde a las preocupaciones y preguntas de los empleados.
- Fomenta un ambiente de comunicación abierta y honesta.

Involucramiento de los Empleados:
- Involucra a los empleados en el proceso de cambio.
- Fomenta la participación activa y la colaboración en la toma de decisiones.
- Proporciona capacitación y desarrollo para ayudar a los empleados a adquirir nuevas habilidades y conocimientos necesarios para el cambio.

Diseño de la Nueva Estructura:

- Diseña la nueva estructura organizativa teniendo en cuenta la visión y estrategia.
- Considera la formación de equipos multidisciplinarios y la eliminación de jerarquías rígidas.
- Define roles y responsabilidades claras en la nueva estructura.

Implementación Gradual:

- En lugar de realizar un cambio drástico, considera una implementación gradual.
- Realiza pilotos o pruebas de concepto para evaluar la eficacia de la nueva estructura antes de implementarla completamente.

Medición y Evaluación Continua:

- Establece indicadores clave de rendimiento (KPI) para medir el progreso hacia los objetivos del cambio.
- Realiza evaluaciones regulares para identificar áreas de mejora.
- Ajusta la estrategia según sea necesario en función de los resultados.

Fomenta una Cultura de Aprendizaje:

- Fomenta la innovación y el aprendizaje continuo dentro de la organización.
- Celebra los éxitos y reconoce a quienes contribuyen al cambio.

- Aprende de los fracasos y utilízalos como oportunidades de mejora.

Sostenibilidad y Adaptación Constante:
- El cambio no es un evento único; es un proceso continuo.
- Mantén la flexibilidad para adaptarte a las condiciones cambiantes del mercado y la industria.

Recuerda que la gestión del cambio es un desafío constante, y es importante mantener una mentalidad abierta y estar dispuesto a ajustar la estrategia según sea necesario. La transformación organizativa lleva tiempo, pero con una planificación adecuada y el compromiso de todos los niveles de la empresa, puedes lograr una transición exitosa hacia una estructura empresarial transformacional y nuevos paradigmas.

Un sistema de gestión en una nueva estructura empresarial transformacional se centra en la eficiencia operativa, el logro de los objetivos estratégicos y la creación de un entorno laboral colaborativo y adaptable. En este contexto, se destacan varios aspectos clave:

- En primer lugar, **el liderazgo transformacional es fundamenta**l. Los líderes deben ser agentes de cambio y defensores de la visión y estrategia de la organización. Deben promover una cultura de innovación, aprendizaje continuo y mejora constante. Además, es importante empoderar a los empleados, brindándoles la autonomía necesaria para tomar decisiones informadas y contribuir al cambio.

- En cuanto a la **estructura organizativa**, esta suele ser más plana y flexible **en una empresa transformacional**.
  Los equipos multidisciplinarios son comunes, y los roles tienden a definirse de manera más fluida. Se fomenta la toma de decisiones descentralizada, lo que permite una mayor agilidad y adaptabilidad.

- La **comunicación abierta** y la **transparencia** son pilares del sistema de gestión. La información relevante se comparte de manera transparente en todos los niveles de la organización, garantizando que todos comprendan los objetivos y desafíos. La retroalimentación regular es esencial para mantener un flujo constante de información y asegurar la alineación con los objetivos estratégicos.

- La **gestión del desempeño** se enfoca en resultados y competencias, y se promueve la retroalimentación continua y el desarrollo profesional. La tecnología y la automatización desempeñan un papel importante para agilizar procesos y facilitar la colaboración. Además, se utilizan herramientas de análisis de datos para tomar decisiones basadas en datos.

- Una cultura de aprendizaje es fundamental en este tipo de organizaciones. Se alienta a los empleados a aprender de manera constante y a innovar en sus roles. Se proporciona capacitación y desarrollo profesional para apoyar el crecimiento y la adaptabilidad de los empleados.

- La gestión del cambio y la resiliencia son esenciales. Un equipo dedicado a la gestión del cambio garantiza una transición sin problemas, y la organización se caracteriza por su capacidad para adaptarse rápidamente a los cambios externos.

- La ética empresarial y la responsabilidad social son valores fundamentales. La organización se esfuerza por tomar decisiones éticas y considera el impacto de sus acciones en la comunidad y el medio ambiente.

- La medición de resultados es una práctica constante. Se establecen indicadores clave de rendimiento que reflejan los objetivos estratégicos, y se realizan evaluaciones regulares para medir el progreso y ajustar la estrategia según sea necesario.

En resumen, un sistema de gestión en una nueva estructura empresarial transformacional se caracteriza por su enfoque en la adaptabilidad, la colaboración y la innovación. La medición constante y la retroalimentación son esenciales para evaluar y mejorar el rendimiento de la organización de manera continua.

Diferencias entre una organización con estructura vertical y otra horizontal

Las organizaciones empresariales pueden tener estructuras verticales u horizontales, y estos dos enfoques presentan diferencias significativas en la forma en que se organizan y operan. Aquí te presento las principales diferencias entre una organización empresarial con estructura vertical y una con estructura horizontal:

Estructura Vertical:

Jerarquía Pronunciada: En una organización con estructura vertical, existe una jerarquía pronunciada y claramente definida. Esto significa que hay múltiples niveles de autoridad y responsabilidad, desde la alta dirección hasta los niveles inferiores de la organización.

Toma de Decisiones Centralizada: La toma de decisiones suele ser centralizada en la cúpula directiva o en un pequeño grupo de líderes de alto nivel. Las decisiones importantes se toman en la parte superior y luego se transmiten hacia abajo a través de la cadena de mando.

Especialización Funcional: La estructura vertical a menudo se organiza en torno a funciones especializadas. Cada departamento o unidad se enfoca en una tarea o función específica, como ventas, marketing, finanzas, etc.

Comunicación Vertical: La comunicación generalmente sigue un flujo vertical, es decir, desde la parte superior hacia abajo y viceversa de manera limitada. La información puede tener dificultades para fluir entre departamentos o niveles jerárquicos.

Rigidez Organizativa: Las organizaciones con estructura vertical tienden a ser más rígidas y burocráticas. Los procesos y procedimientos se siguen de manera estricta, y los cambios pueden ser lentos y difíciles de implementar.

Estructura Horizontal:

Menos Jerarquía: En una organización con estructura horizontal, la jerarquía es menos pronunciada. Puede haber menos niveles de autoridad y una estructura más plana.

Toma de Decisiones Descentralizada: La toma de decisiones se descentraliza en una estructura horizontal. Se fomenta la toma de decisiones a nivel de equipo o departamento, lo que permite una mayor autonomía.

Enfoque en Equipos: La organización se organiza en torno a equipos multifuncionales o unidades de negocio. Estos equipos pueden ser responsables de proyectos completos y tomar decisiones relacionadas con sus responsabilidades.

Comunicación Abierta: La comunicación fluye de manera más abierta y horizontal en una estructura de este tipo. Los equipos y departamentos colaboran y comparten información de manera más eficiente.

Mayor Flexibilidad: Las organizaciones con estructura horizontal tienden a ser más flexibles y ágiles. Pueden adaptarse rápidamente a los cambios en el mercado y en las necesidades de los clientes.

Promoción de la Colaboración: La colaboración entre empleados y equipos es fundamental en una estructura horizontal. Se fomenta el intercambio de conocimientos y la resolución de problemas de manera conjunta.
La principal diferencia entre una estructura vertical y una estructura horizontal radica en la jerarquía y la forma en que se toman las decisiones.

La estructura vertical se caracteriza por una jerarquía más pronunciada y la toma de decisiones centralizada, mientras que la estructura horizontal es más plana, descentralizada y fomenta la colaboración y la comunicación abierta entre los empleados. La elección entre una u otra depende de las necesidades y los objetivos específicos de la organización, así como de su cultura y su industria.

Diferentes jerarquías y estructuras organizativas.

En una nueva estructura empresarial más horizontal que vertical, el objetivo es reducir las jerarquías rígidas y fomentar la toma de decisiones descentralizada y la autonomía de los equipos. Aquí hay algunas formas en que las jerarquías pueden adaptarse en esta nueva estructura:

Jerarquía Plana o Estructura Matricial:
- En lugar de una jerarquía tradicional con múltiples niveles de gestión, puedes optar por una jerarquía más plana con menos capas de supervisión.

- También puedes considerar una estructura matricial en la que los empleados tienen dos o más responsables, lo que fomenta la colaboración y la comunicación interdepartamental.

Equipos Autónomos:
- En lugar de departamentos tradicionales, puedes crear equipos autónomos o equipos multifuncionales que tienen la autoridad para tomar decisiones relacionadas con sus tareas y proyectos.

- Cada equipo puede estar liderado por un líder de equipo en lugar de un gerente.

Líderes de Proyecto:
- En lugar de gerentes de departamento, puedes tener líderes de proyecto que son responsables de la planificación y ejecución de proyectos específicos.

- Estos líderes pueden ser elegidos por sus habilidades y experiencia en lugar de su posición jerárquica.

Estructuras en Red:
- Puedes considerar una estructura en red donde los empleados colaboran directamente en función de sus habilidades y necesidades de proyecto, en lugar de pasar por una jerarquía formal.

- Esto fomenta la colaboración horizontal y la comunicación abierta.

Roles Flexibles:
- En lugar de roles fijos y especializados, puedes tener roles más flexibles en los que los empleados asuman una variedad de tareas y responsabilidades según sea necesario.

- Esto fomenta la adaptabilidad y la adquisición de habilidades diversas.

Gestión por Objetivos:

- En lugar de una supervisión constante, puedes implementar un enfoque de gestión por objetivos en el que los empleados tienen claros los resultados que se esperan de ellos y tienen la libertad de decidir cómo alcanzar esos objetivos.

Revisión por Pares:

- Puedes fomentar la revisión por pares en lugar de una revisión jerárquica.

- Los compañeros pueden brindar retroalimentación y evaluación mutua, lo que promueve la transparencia y la mejora continua.

Comités de Toma de Decisiones:

- En lugar de que las decisiones se tomen únicamente por un líder, puedes implementar comités de toma de decisiones donde varios miembros de la organización participan en la toma de decisiones importantes.

En una estructura más horizontal, es importante que las jerarquías se adapten para fomentar la colaboración, la agilidad y la toma de decisiones informadas en toda la organización. La clave es empoderar a los empleados y líderes en todos los niveles para que asuman un papel activo en la toma de decisiones y la consecución de los objetivos de la empresa.

En estructuras de servicios y operativas con una orientación más horizontal, se busca desafiar las jerarquías tradicionales y promover un enfoque más ágil y colaborativo en la prestación de servicios y la ejecución de operaciones. Para lograr esto, se pueden implementar varios cambios y adaptaciones.

En lugar de tener departamentos de servicio convencionales, se pueden establecer equipos de servicio autónomos. Estos equipos se centran en áreas específicas y tienen la autoridad para tomar decisiones relacionadas con sus responsabilidades sin depender en gran medida de supervisores jerárquicos. Esta autonomía permite una respuesta más rápida a las necesidades de los clientes internos o externos.

La gestión por proyectos o procesos es otra opción. En este enfoque, el trabajo se organiza en torno a proyectos o flujos de procesos en lugar de estructuras departamentales tradicionales. Los equipos de proyecto pueden estar compuestos por miembros de diferentes áreas funcionales, lo que fomenta la colaboración interdepartamental y la resolución de problemas de manera más eficiente.

En lugar de contar con gerentes de servicio convencionales, se pueden designar coordinadores de servicio cuya función principal es garantizar la coordinación efectiva entre los equipos y la entrega de servicios de alta calidad. Esto facilita la comunicación y la colaboración entre los equipos y evita una supervisión excesivamente jerárquica.

Una característica importante de estas estructuras horizontales es la toma de decisiones en el punto de servicio. Se empodera a los empleados que interactúan directamente con los clientes o usuarios para tomar decisiones relacionadas con la prestación de servicios. Esto se basa en directrices claras y la capacidad de tomar decisiones basadas en la situación, lo que mejora la satisfacción del cliente y la eficiencia.

Además, la rotación de roles es una práctica valiosa en estas estructuras. Los miembros del equipo pueden rotar entre diferentes roles dentro de la organización para adquirir una comprensión más completa de las operaciones y las necesidades de los clientes. Esto fomenta la versatilidad y la formación de empleados multifuncionales.

En resumen, las estructuras de servicios y operativas más horizontales se centran en empoderar a los empleados, fomentar la colaboración y la toma de decisiones descentralizadas, y mejorar la eficiencia operativa. Estos cambios permiten una respuesta más ágil a las necesidades de los clientes y un enfoque más adaptativo en la ejecución de operaciones.

En estructuras de servicios y operativas con una orientación más horizontal, se busca desafiar las jerarquías tradicionales y promover un enfoque más ágil y colaborativo en la prestación de servicios y la ejecución de operaciones. Para lograr esto, se pueden implementar varios cambios y adaptaciones.

En lugar de tener departamentos de servicio convencionales, se pueden establecer equipos de servicio autónomos. Estos equipos se centran en áreas específicas y tienen la autoridad para tomar decisiones relacionadas con sus responsabilidades sin depender en gran medida de supervisores jerárquicos. Esta autonomía permite una respuesta más rápida a las necesidades de los clientes internos o externos.

La gestión por proyectos o procesos es otra opción. En este enfoque, el trabajo se organiza en torno a proyectos o flujos de procesos en lugar de estructuras departamentales tradicionales. Los equipos de proyecto pueden estar compuestos por miembros de diferentes áreas funcionales, lo que fomenta la colaboración interdepartamental y la resolución de problemas de manera más eficiente.

En lugar de contar con gerentes de servicio convencionales, se pueden designar coordinadores de servicio cuya función principal es garantizar la coordinación efectiva entre los equipos y la entrega de servicios de alta calidad. Esto facilita la comunicación y la colaboración entre los equipos y evita una supervisión excesivamente jerárquica.

Una característica importante de estas estructuras horizontales es la toma de decisiones en el punto de servicio. Se empodera a los empleados que interactúan directamente con los clientes o usuarios para tomar decisiones relacionadas con la prestación de servicios. Esto se basa en directrices claras y la capacidad de tomar decisiones basadas en la situación, lo que mejora la satisfacción del cliente y la eficiencia.

Además, la rotación de roles es una práctica valiosa en estas estructuras. Los miembros del equipo pueden rotar entre diferentes roles dentro de la organización para adquirir una comprensión más completa de las operaciones y las necesidades de los clientes. Esto fomenta la versatilidad y la formación de empleados multifuncionales.

En resumen, las estructuras de servicios y operativas más horizontales se centran en empoderar a los empleados, fomentar la colaboración y la toma de decisiones descentralizadas, y mejorar la eficiencia operativa. Estos cambios permiten una respuesta más ágil a las necesidades de los clientes y un enfoque más adaptativo en la ejecución de operaciones.

Cómo planificar y llevar a cabo el cambio de manera efectiva.

Planificar y llevar a cabo el cambio de manera efectiva en una corporación es un proceso crucial para mantener la competitividad y la relevancia en un entorno empresarial en constante evolución. El éxito en la gestión del cambio requiere una planificación estratégica sólida y la capacidad de movilizar a todos los niveles de la organización hacia un objetivo común.

Aquí se desarrolla el proceso en detalle, junto con ejemplos ilustrativos:

1. **Comprensión de la Necesidad de Cambio:** Antes de embarcarse en cualquier proceso de cambio, es fundamental comprender a fondo por qué es necesario. Esto implica identificar problemas actuales, oportunidades no aprovechadas y cómo el cambio abordará estos aspectos. Por ejemplo, una empresa de tecnología podría darse cuenta de que necesita cambiar su enfoque de productos físicos a soluciones basadas en la nube para mantenerse competitiva en el mercado de la tecnología.

2. **Establecimiento de Objetivos Claros:** Una vez que se comprenda la necesidad de cambio, es esencial definir objetivos específicos que se esperan alcanzar. Estos objetivos deben ser medibles y alineados con la estrategia general de la empresa. Por ejemplo, un objetivo podría ser aumentar la cuota de mercado en un 20% dentro de los próximos dos años.

3. **Creación de un Equipo de Gestión del Cambio:** Para liderar el proceso de cambio, se debe formar un equipo de gestión del cambio. Este equipo será responsable de planificar, coordinar y supervisar la implementación del cambio. Ejemplo: Un equipo de liderazgo ejecutivo se asigna para liderar la transición hacia un modelo de negocio digital.

4. **Comunicación Clara y Continua:** La comunicación efectiva es esencial para alinear a todos los empleados con la visión del cambio. Debe explicarse por qué se está produciendo el cambio, cuáles son los objetivos y cómo afectará a los empleados. Por ejemplo, una empresa de manufactura que cambia sus procesos de producción debe comunicar de manera clara cómo esto mejorará la eficiencia y la calidad de los productos, lo que a su vez podría llevar a un crecimiento de la empresa y a la seguridad laboral.

5. **Involucramiento de los empleados:** Fomentar la participación activa de los empleados en el proceso de cambio es esencial. Esto puede incluir la recopilación de sus opiniones y sugerencias, así como su inclusión en grupos de trabajo o comités de cambio. Ejemplo: Una empresa de servicios financieros involucra a sus empleados en la definición de un nuevo sistema de atención al cliente para asegurarse de que se adapte a sus necesidades y expectativas.

6. **Desarrollo de un Plan de Implementación:** Diseñar un plan detallado que incluya las actividades, los plazos, los recursos y las responsabilidades necesarios para llevar a cabo el cambio de manera efectiva. Ejemplo: Un fabricante de automóviles desarrolla un plan para cambiar su cadena de suministro a una estructura más eficiente y sostenible.

7. **Capacitación y Desarrollo:** Proporcionar capacitación y desarrollo adecuados para los empleados afectados por el cambio. Esto les ayudará a adquirir las habilidades y conocimientos necesarios para adaptarse. Ejemplo: Una empresa de tecnología invierte en programas de capacitación en programación para sus empleados a medida que migra hacia una infraestructura de software.

8. **Monitoreo y Evaluación Continua:** Establecer métricas y KPIs para evaluar el progreso y el impacto del cambio. Realizar un seguimiento regular de estos indicadores para asegurarse de que se están cumpliendo los objetivos. Ejemplo: Una cadena de tiendas minoristas mide la satisfacción del cliente antes y después de la implementación de una nueva estrategia de atención al cliente para evaluar su efectividad.

9. **Celebración de Logros y Reconocimiento:** Reconocer y celebrar los logros a medida que se alcanzan los hitos en el proceso de cambio. Esto ayuda a mantener la moral y la motivación de los empleados. Ejemplo: Una empresa de alimentos reconoce públicamente a los empleados que contribuyen significativamente a la implementación exitosa de un nuevo producto en el mercado.

10. **Cierre y Sostenibilidad:** Una vez que se haya completado la implementación del cambio, asegurarse de que se mantenga y se integre de manera sostenible en la cultura y las prácticas de la corporación. Continuar monitoreando y ajustando según sea necesario para garantizar la efectividad a largo plazo. Ejemplo: Una empresa de energía desarrolla políticas de ahorro de energía que se convierten en parte integral de su cultura empresarial y se mantienen a lo largo del tiempo.

Llevar a cabo un cambio de manera efectiva en una corporación es un proceso que requiere compromiso, paciencia y adaptación continua. Cuando se realiza con un enfoque estratégico y la atención adecuada a las personas involucradas, puede generar mejoras significativas en la organización y su capacidad para enfrentar los desafíos y las oportunidades cambiantes del mercado.

Identificación y prevención de errores que pueden llevar al fracaso en la implementación del cambio.

La implementación del cambio en las organizaciones empresariales es una tarea compleja que conlleva riesgos significativos. Para identificar y prevenir los errores que pueden llevar al fracaso en este proceso, es esencial adoptar un enfoque estratégico y considerar cuidadosamente los siguientes aspectos:

1. **Falta de Comprensión y Comunicación Deficiente:**
   Uno de los errores más comunes es no comprender plenamente la necesidad del cambio y no comunicar de manera efectiva los objetivos y la razón detrás de este cambio a todos los niveles de la organización. Para prevenir esto, es fundamental realizar un análisis exhaustivo de la situación actual y comunicar de manera clara y constante los beneficios del cambio. Asegurarse de que los empleados comprendan cómo se relaciona el cambio con la estrategia empresarial general.

2. **Resistencia Organizativa y Falta de Liderazgo:**
   La resistencia al cambio es un obstáculo importante. No involucrar a los empleados, especialmente a los líderes, puede llevar al fracaso. Identificar líderes de cambio y trabajar con ellos para que lideren la transición puede ayudar a superar la resistencia. Además, los líderes deben ser modelos a seguir y mostrar un compromiso sólido con el cambio.

3. **Planificación Inadecuada:**
   No planificar de manera adecuada la implementación del cambio es otro error crítico. Para prevenirlo, es necesario desarrollar un plan detallado que incluya objetivos claros, plazos, recursos necesarios y responsabilidades. También se deben identificar posibles obstáculos y tener estrategias de mitigación preparadas.

4. **Falta de Capacitación y Apoyo:**

   Los empleados necesitan las habilidades y el apoyo adecuados para adaptarse al cambio. No proporcionar capacitación y desarrollo suficiente puede llevar al fracaso. Implementar programas de capacitación y apoyo que ayuden a los empleados a adquirir las habilidades necesarias y les brinden recursos para afrontar la transición.

5. **No Medir el Progreso y Ajustar:**

   No monitorear y evaluar el progreso del cambio es un error común. Para prevenirlo, establecer métricas y KPIs para evaluar el impacto del cambio y realizar un seguimiento regular de estos indicadores. Si algo no va según lo planeado, es importante estar dispuesto a ajustar el plan de implementación en consecuencia.

6. **Ignorar la Cultura Organizativa:**

   No considerar la cultura organizativa existente es otro error crítico. La cultura puede actuar como una fuerza poderosa que puede facilitar o impedir el cambio. Es importante evaluar la cultura actual y trabajar en alinearse con los objetivos del cambio.

7. **No Celebrar los Logros:**

   No reconocer y celebrar los logros a medida que se alcanzan es un error que puede afectar la moral y la motivación de los empleados. Reconocer y recompensar los esfuerzos y los hitos alcanzados puede impulsar la energía y el compromiso en el proceso de cambio.

8. **Impaciencia y Expectativas Irrealistas:**
   Esperar resultados inmediatos y establecer expectativas poco realistas es un error. El cambio lleva tiempo, y es importante que los líderes y los empleados comprendan que puede haber desafíos en el camino. La paciencia y la adaptabilidad son clave.

En conclusión, identificar y prevenir errores en la implementación del cambio es fundamental para el éxito de una organización empresarial. Un enfoque estratégico, una comunicación efectiva, la planificación adecuada y la consideración de la cultura organizativa son elementos clave para evitar errores y conducir una transición exitosa hacia una organización más ágil y competitiva.

Capítulo 4

Cultura de Cambio y Transformación Organizacional

La cultura de cambio y transformación organizacional es un conjunto de valores, creencias y comportamientos compartidos que promueven la adaptabilidad, la innovación y la capacidad de respuesta dentro de una organización. Esta cultura fomenta la voluntad de aceptar el cambio como una constante en lugar de una excepción, y alienta a los empleados a abrazar nuevas ideas y enfoques. En una cultura de cambio sólida, los líderes desempeñan un papel fundamental al establecer un ejemplo de liderazgo transformacional, comunicar de manera efectiva la visión de cambio y proporcionar el apoyo necesario para guiar a los empleados a través de la transición.

Además, esta cultura valora la experimentación y el aprendizaje continuo, lo que permite a la organización adaptarse a las dinámicas cambiantes del mercado y mantener su relevancia a lo largo del tiempo. En última instancia, una cultura de cambio y transformación bien arraigada es esencial para el éxito sostenible de cualquier organización en la era moderna.

Adaptación híbrida en su conjunto sobre estructuras dinámicas y flexibles, a seguir con las viejas costumbres rígidas empresariales.

Una adaptación híbrida en el contexto de las estructuras organizativas se refiere a la combinación de elementos dinámicos y flexibles con ciertas prácticas o costumbres más rígidas del pasado. Esta estrategia permite a las organizaciones equilibrar la necesidad de adaptarse a un entorno empresarial en constante cambio mientras mantienen ciertos aspectos de sus prácticas tradicionales que todavía son efectivos o valiosos.

Por ejemplo, una empresa podría conservar su jerarquía de gestión tradicional, pero al mismo tiempo implementar equipos de proyectos ágiles para abordar tareas específicas. Esto les permite mantener la estabilidad en la toma de decisiones de alto nivel mientras promueven la agilidad y la colaboración en proyectos innovadores. Esencialmente, se trata de aprovechar lo mejor de ambos mundos: la experiencia y la estabilidad de las prácticas tradicionales y la capacidad de adaptarse rápidamente a las demandas cambiantes mediante enfoques más flexibles.

Sin embargo, la implementación de una adaptación híbrida puede ser un desafío, ya que requiere una cuidadosa gestión del cambio y una comunicación clara para asegurarse de que todos los miembros de la organización comprendan el propósito de esta combinación y cómo se espera que funcione en la práctica. El equilibrio entre lo antiguo y lo nuevo puede ser una estrategia efectiva para muchas organizaciones, siempre que se gestione con prudencia y se adapte a las necesidades específicas de la empresa y su entorno.

Cultura Organizacional y Cambio

La cultura organizacional es un componente intangible pero poderoso que influye en todos los aspectos de una organización, desde la forma en que los empleados se comportan hasta cómo se toman las decisiones y se resuelven los problemas. En el contexto de procesos de cambio y transformación, la cultura puede ser un facilitador o un obstáculo clave, y su comprensión y gestión son esenciales para el éxito.

Cuando una organización tiene una cultura arraigada que resiste el cambio, significa que sus valores, creencias y normas históricas están firmemente establecidos y pueden chocar con las nuevas prácticas y valores que se buscan implementar. Por ejemplo, en una empresa con una cultura tradicional jerárquica y orientada hacia la estabilidad, los empleados pueden estar acostumbrados a seguir las órdenes de arriba hacia abajo sin cuestionar, y pueden ser reacios a adoptar prácticas ágiles que promuevan la toma de decisiones más distribuida y la experimentación.

Para superar esta resistencia cultural, las organizaciones deben abordar cuidadosamente varios aspectos:

1. Diagnóstico Cultural:

Comprender en profundidad la cultura actual de la organización es el primer paso. Esto implica identificar los valores y normas culturales existentes, así como las áreas en las que se necesita cambio. La realización de encuestas, entrevistas y evaluaciones culturales puede ser útil en este proceso.

2. Liderazgo y Modelado de Comportamiento:

Los líderes de la organización desempeñan un papel crucial en la formación de la cultura. Deben ser modelos a seguir que encarnen los nuevos valores y comportamientos que se buscan implementar. Su liderazgo es fundamental para influir en la cultura organizacional.

3. Comunicación Estratégica:

La comunicación efectiva es clave para explicar por qué el cambio es necesario y cómo se alinea con la estrategia empresarial. Se deben comunicar los beneficios del cambio y cómo afectará positivamente a los empleados y la organización en su conjunto.

4. Participación Activa:

Involucrar a los empleados en el proceso de cambio puede ayudar a romper la resistencia cultural. Esto puede incluir la formación de equipos de trabajo dedicados al cambio, donde los empleados puedan aportar sus ideas y preocupaciones.

5. Reforzar los Nuevos Comportamientos:
Celebrar y recompensar los comportamientos y logros que están en línea con la cultura deseada refuerza el cambio cultural. Esto puede incluir reconocimiento, bonificaciones o ascensos basados en el rendimiento.

6. Capacitación y Desarrollo:
Proporcionar capacitación y desarrollo para adquirir las habilidades necesarias para la nueva cultura es esencial. Los empleados deben sentirse preparados y competentes para abrazar los cambios.

7. Medición y Evaluación Continua:
Monitorear y evaluar el progreso cultural es crucial. Se pueden utilizar encuestas de seguimiento, evaluaciones de cultura y retroalimentación de los empleados para medir el impacto del cambio y ajustar la estrategia según sea necesario.

En resumen, la cultura organizacional desempeña un papel determinante en la capacidad de una organización para adaptarse y prosperar en un entorno empresarial en constante cambio. Si bien puede ser un desafío abordar la resistencia cultural, una gestión cuidadosa y estratégica puede transformar la cultura y facilitar la adopción exitosa de nuevas prácticas y valores que impulsen la innovación y la competitividad en la organización.

Innovación y Tecnología Disruptiva

La innovación y la tecnología disruptiva son dos fuerzas dinámicas que pueden tener un impacto profundamente transformador en las organizaciones empresariales. Estas fuerzas pueden surgir de múltiples fuentes, como avances tecnológicos, cambios en las preferencias de los consumidores o la entrada de nuevos competidores al mercado. Su influencia es especialmente evidente en un mundo empresarial cada vez más interconectado y en constante evolución.

La innovación se refiere a la creación y aplicación exitosa de nuevas ideas, procesos o productos que generan valor. Puede manifestarse de muchas formas, desde mejoras incrementales hasta avances disruptivos que cambian por completo la forma en que se hacen las cosas. Las organizaciones que adoptan una cultura de innovación fomentan la creatividad y la experimentación, lo que les permite adaptarse de manera proactiva a las cambiantes demandas del mercado.

Por otro lado, la tecnología disruptiva es aquella que altera significativamente una industria existente al reemplazar modelos de negocio establecidos o crear nuevos mercados. La tecnología blockchain es un ejemplo emblemático de esto. Al permitir transacciones seguras y transparentes sin la necesidad de intermediarios, revolucionó la industria financiera al desafiar el modelo tradicional de los bancos y las instituciones financieras. Esto obligó a las organizaciones a replantear sus procesos y modelos de negocio para competir y adaptarse a esta innovación.

Cuando las organizaciones se enfrentan a la necesidad de cambio impulsada por la innovación y la tecnología disruptiva, deben abrazar la transformación como una oportunidad en lugar de verla como una amenaza. Aquí es donde el liderazgo estratégico, la agilidad y la capacidad de adaptación son esenciales. Las empresas que pueden identificar y abrazar proactivamente estas oportunidades de cambio tienen la ventaja de poder moldear su futuro en lugar de simplemente reaccionar ante él.

En resumen, la innovación y la tecnología disruptiva son motores clave del cambio en las organizaciones empresariales. Su impacto puede ser profundo y transformador, y las organizaciones que se adaptan y aprovechan estas fuerzas tienen la mejor oportunidad de mantener su competitividad y su relevancia en un mundo empresarial en constante evolución.

Liderazgo en Tiempos de Cambio

El liderazgo es uno de los factores más determinantes en el éxito de cualquier proceso de cambio y transformación organizacional. Los líderes desempeñan un papel fundamental al establecer el rumbo, la visión y la cultura que guiarán a la organización hacia el futuro. Aquí se profundizará en los elementos clave del liderazgo en tiempos de cambio y transformación:

1. **Inspiración y Visión:** Los líderes efectivos son capaces de inspirar a sus equipos al articular una visión clara y convincente del futuro. Esta visión debe ser inspiradora y proporcionar un sentido de propósito que motive a los empleados a comprometerse con el cambio. Los líderes deben comunicar esta visión de manera constante y apasionada.

2. **Modelo a Seguir:** Los líderes no solo hablan sobre el cambio, sino que también actúan como modelos a seguir. Deben ejemplificar los valores y comportamientos deseados, lo que significa que ellos mismos deben abrazar el cambio y demostrar su compromiso a través de sus acciones. Cuando los empleados ven a los líderes liderando con el ejemplo, es más probable que sigan su liderazgo.

3. **Comunicación Clara y Abierta:** La comunicación efectiva es esencial para la gestión del cambio. Los líderes deben ser comunicadores hábiles que puedan explicar por qué el cambio es necesario, cómo se llevará a cabo y cómo afectará a los empleados. Además, deben estar dispuestos a escuchar las preocupaciones y preguntas de los empleados y proporcionar respuestas claras y honestas

4.   **Apoyo y Empoderamiento:** Los líderes deben brindar apoyo emocional y práctico a sus equipos durante el proceso de cambio. Esto incluye proporcionar recursos, capacitación y orientación para ayudar a los empleados a adaptarse. Al mismo tiempo, deben empoderar a los empleados para que tomen decisiones y asuman la responsabilidad de su propio cambio.

5.   **Gestión de la Resistencia:** Es natural que surja resistencia al cambio en una organización. Los líderes deben ser capaces de identificar y abordar esta resistencia de manera constructiva. Esto puede implicar la resolución de conflictos, la gestión de expectativas y la comunicación efectiva sobre los beneficios del cambio.

6.   **Flexibilidad y Adaptabilidad:** En un entorno empresarial en constante cambio, los líderes deben ser flexibles y adaptables. Deben estar dispuestos a ajustar la estrategia y cambiar de rumbo si es necesario. La rigidez en la toma de decisiones puede obstaculizar el proceso de cambio.

El ejemplo de Steve Jobs y su liderazgo en Apple es un caso ilustrativo de cómo un líder carismático y visionario puede llevar a una organización a través de transformaciones exitosas. Jobs no solo tenía una visión clara, sino que también estaba dispuesto a tomar riesgos y desafiar las convenciones para lograr sus objetivos.

El liderazgo en tiempos de cambio y transformación es esencial para guiar a una organización hacia un futuro exitoso. Los líderes efectivos son inspiradores, actúan como modelos a seguir, se comunican de manera efectiva, brindan apoyo y gestionan la resistencia. Su capacidad para adaptarse y liderar en medio de la incertidumbre es fundamental para el éxito de cualquier proceso de cambio organizacional.

Comunicación Efectiva

La comunicación es un elemento crítico y central en la gestión de cualquier proceso de cambio en las estructuras empresariales. Su importancia radica en su capacidad para actuar como un puente entre la visión estratégica de la alta dirección y la realidad cotidiana de los empleados. Cuando la comunicación se gestiona de manera efectiva, puede tener un impacto transformador en varios aspectos clave:

1. **Alineación con la Visión y Objetivos:**
   Una comunicación clara y constante ayuda a garantizar que todos los miembros de la organización comprendan la visión detrás del cambio y cómo se relaciona con los objetivos empresariales. Esto evita la confusión y la resistencia, ya que los empleados pueden ver el propósito detrás de las acciones y se sienten más comprometidos con la causa.

2. **Fomento de la Colaboración:**

   La comunicación efectiva también puede fomentar la colaboración entre departamentos y equipos. Cuando los empleados comparten información y conocimientos de manera abierta, se pueden identificar oportunidades para la cooperación y la sinergia, lo que puede acelerar la implementación del cambio.

3. **Reducción de la Ansiedad:**

   El cambio a menudo genera ansiedad entre los empleados, ya que pueden temer la incertidumbre que conlleva. Una comunicación transparente puede ayudar a abordar estas preocupaciones al proporcionar información sobre lo que está sucediendo, por qué está sucediendo y cómo afectará a las personas en el día a día.

4. **Movilización de la Energía Colectiva:**

   Cuando se comunica de manera efectiva, se puede movilizar la energía y el compromiso colectivo de los empleados hacia el cambio. Pueden sentirse inspirados y motivados para contribuir activamente al éxito del proceso de cambio.

5. **Retroalimentación Constructiva:**

   La comunicación bidireccional permite a los empleados expresar sus opiniones, hacer preguntas y proporcionar retroalimentación. Esta retroalimentación es valiosa para identificar problemas, ajustar la estrategia y abordar inquietudes en tiempo real.

6. **Fortalecimiento de la Cultura Organizacional:**
   La forma en que se comunica el cambio también puede influir en la cultura organizacional. Una comunicación que promueva la transparencia, la honestidad y la inclusión puede ayudar a fortalecer una cultura de confianza y apertura.

El ejemplo de Satya Nadella y Microsoft resalta cómo un líder puede impactar significativamente en la comunicación efectiva durante un proceso de cambio. Su habilidad para comunicar claramente la visión de la compañía y mantener un diálogo abierto con los empleados contribuyó al éxito de la transición hacia una empresa centrada en la nube.

En resumen, la comunicación es esencial en cualquier transformación organizacional, ya que puede convertirse en un poderoso catalizador para alinear a las personas, fomentar la colaboración y abordar las preocupaciones de los empleados. Una comunicación efectiva no solo informa, sino que también inspira y moviliza a las personas hacia el logro de los objetivos de cambio.

Métricas y Evaluación de Resultados

Las métricas y la evaluación desempeñan un papel crítico en el camino hacia el crecimiento de la productividad y el logro de los objetivos empresariales. Son los faros que guían a las organizaciones en medio de la transformación y el cambio. Al establecer métricas claras y objetivas, las empresas pueden medir y evaluar el progreso de sus iniciativas de cambio.

Estas métricas pueden abarcar una variedad de áreas, desde el rendimiento de los empleados hasta la eficiencia operativa y la satisfacción del cliente. Por ejemplo, una organización que busca mejorar su eficiencia en la cadena de suministro podría medir el tiempo de entrega de productos o la tasa de desperdicio. Al recopilar datos y realizar evaluaciones periódicas, las empresas pueden identificar áreas de mejora, realizar ajustes en su estrategia y asegurarse de que se cumplan los objetivos establecidos.

Además, las métricas y la evaluación proporcionan información valiosa para la toma de decisiones informadas, lo que permite a las empresas tomar medidas proactivas en lugar de reaccionar a problemas una vez que surgen. En última instancia, son herramientas esenciales para impulsar el crecimiento, la eficiencia y la capacidad de adaptación de una organización en un mundo empresarial en constante cambio.

Capítulo 5

Estrategias para el Éxito en la Transformación Empresarial

La transformación empresarial es un proceso complejo que busca adaptar una organización a un entorno empresarial en constante cambio. Para tener éxito en esta empresa desafiante, las organizaciones deben desarrollar y aplicar estrategias efectivas. Aquí se presentan algunas estrategias clave para lograr el éxito en la transformación empresarial:

1. Definir una Visión Clara:

Una visión clara y convincente es fundamental para alinear a toda la organización hacia un objetivo común. La alta dirección debe establecer una visión que describa el estado futuro deseado y cómo la transformación contribuirá a lograrlo. Esta visión debe ser inspiradora y motivadora.

2. Liderazgo Fuerte:

Los líderes desempeñan un papel crucial en la transformación. Deben ser modelos a seguir y defensores apasionados del cambio. Esto incluye líderes en todos los niveles de la organización, no solo la alta dirección. Los líderes deben guiar a sus equipos, proporcionar dirección y brindar apoyo.

3. Comunicación Abierta y Continua:
La comunicación efectiva es esencial. Los líderes deben comunicar constantemente la visión, los objetivos y el progreso del cambio. Además, deben fomentar un ambiente donde los empleados se sientan cómodos expresando sus preocupaciones y aportando ideas.

4. Involucrar a los Empleados:
Los empleados son una parte integral de cualquier transformación exitosa. Involucrar a los empleados en el proceso, escuchar sus opiniones y brindarles oportunidades para contribuir puede aumentar la adhesión y la efectividad del cambio.

5. Planificación Estratégica:
Desarrollar un plan estratégico detallado que establezca los objetivos, plazos, recursos necesarios y responsabilidades es esencial. Esto proporciona una hoja de ruta clara y ayuda a mantener el rumbo durante la transformación.

6. Gestión del Cambio:
La gestión del cambio es un enfoque estructurado para manejar la transición de la organización. Esto incluye la identificación y mitigación de la resistencia al cambio, la capacitación de los empleados y la adaptación de las estructuras y procesos organizativos.

7. Medición y Evaluación:

Establecer métricas y KPIs (Indicadores Clave de Rendimiento) para evaluar el progreso y el impacto del cambio. Esto permite realizar ajustes según sea necesario y garantiza que se cumplan los objetivos.

8. Flexibilidad y Adaptabilidad:

El entorno empresarial es dinámico, por lo que las organizaciones deben ser flexibles y capaces de adaptarse a cambios inesperados. Esto puede implicar la revisión y ajuste de la estrategia durante la transformación.

9. Aprender de la Experiencia:

La transformación empresarial es un proceso de aprendizaje continuo. Es importante evaluar y documentar las lecciones aprendidas a lo largo del camino para aplicarlas en futuros proyectos de cambio.

10. Cultura Organizacional:

Fomentar una cultura que promueva la innovación, la agilidad y la colaboración es esencial. Una cultura que abraza el cambio y el aprendizaje continuo es más propensa al éxito en la transformación.

11. Recompensas y Reconocimiento:

Reconocer y recompensar los logros a medida que se alcanzan puede motivar a los empleados y reforzar la adopción del cambio.

En resumen, el éxito en la transformación empresarial requiere una combinación de liderazgo efectivo, comunicación abierta, planificación estratégica, involucramiento de los empleados y adaptabilidad. Las organizaciones deben abrazar el cambio como una oportunidad para crecer y evolucionar, y aplicar estas estrategias de manera integral para lograr sus objetivos de transformación y mantenerse competitivas en un mercado en constante evolución.

Resiliencia Empresarial

La resiliencia empresarial es la capacidad de una organización para resistir, adaptarse y recuperarse de crisis, desafíos y cambios significativos. Es una estrategia esencial para el éxito, ya que ningún negocio está exento de enfrentar obstáculos en su camino. Una empresa resiliente se caracteriza por su capacidad para anticipar riesgos, planificar medidas de contingencia y recuperarse rápidamente de situaciones adversas.

Esto implica la diversificación de fuentes de ingresos, la inversión en tecnología de respaldo, la gestión adecuada de crisis y la promoción de una cultura de adaptabilidad y aprendizaje continuo. Las organizaciones que priorizan la resiliencia están mejor preparadas para superar desafíos inesperados y mantener su capacidad de crecimiento y éxito a largo plazo.

Capacitación, Desarrollo y Colaboración Estratégica.

La capacitación y el desarrollo de empleados son pilares fundamentales para el éxito empresarial. Las organizaciones que invierten en el crecimiento y desarrollo de su personal están mejor preparadas para abordar los cambios y mantenerse competitivas. Esto incluye proporcionar programas de capacitación actualizados, fomentar la adquisición de nuevas habilidades y promover una cultura de aprendizaje continuo. Además, la colaboración estratégica, ya sea con otras empresas o instituciones educativas, puede brindar acceso a recursos adicionales, conocimientos y oportunidades de crecimiento. La colaboración puede ayudar a las empresas a aprovechar el conocimiento externo y aportar nuevas perspectivas a sus estrategias.

Aquí, profundizaremos en estos aspectos clave:

Capacitación y Desarrollo de Empleados:
La capacitación y el desarrollo de los empleados son esenciales para mantener a la fuerza laboral actualizada y lista para enfrentar los desafíos cambiantes del entorno empresarial. Esto abarca una serie de aspectos, como:

Programas de Capacitación Continua:

Las organizaciones deben ofrecer programas de capacitación que estén alineados con las necesidades cambiantes del mercado y las habilidades requeridas. Estos programas pueden incluir cursos en línea, talleres, conferencias y oportunidades de aprendizaje en el trabajo. La capacitación no debe ser vista como un evento único, sino como un proceso continuo que permite a los empleados mantenerse actualizados.

Desarrollo de Habilidades:
Fomentar el desarrollo de habilidades es crucial para adaptarse a las nuevas demandas laborales. Esto puede incluir la adquisición de habilidades técnicas, habilidades de liderazgo, resolución de problemas y toma de decisiones, entre otras. Los programas de mentoría y coaching también pueden ser efectivos para el desarrollo de habilidades.

Cultura de Aprendizaje Continuo: Promover una cultura de aprendizaje continuo en la organización es esencial. Esto implica crear un entorno en el que los empleados se sientan alentados a buscar nuevas oportunidades de aprendizaje, experimentar y aplicar lo que han aprendido en su trabajo diario. Una cultura de aprendizaje continuo fomenta la innovación y la adaptabilidad.

Colaboración Estratégica:
La colaboración estratégica implica trabajar con otras organizaciones o instituciones para alcanzar objetivos mutuos. Esto puede tener varios beneficios:

Acceso a Recursos Compartidos:
La colaboración puede proporcionar acceso a recursos que una organización no posee internamente. Esto incluye conocimientos especializados, tecnología avanzada, financiamiento y conexiones en la industria.

Aprendizaje Mutuo:
La colaboración brinda la oportunidad de aprender de otros. Puede permitir la transferencia de conocimiento y mejores prácticas, lo que enriquece la organización.

Innovación Conjunta:
Trabajar en colaboración puede conducir a la innovación conjunta. Las ideas frescas y perspectivas diferentes pueden surgir de la colaboración, lo que puede generar nuevas oportunidades de negocio.

Ampliación del Alcance:
Colaborar con otras organizaciones puede ayudar a expandir el alcance y la influencia de una empresa en el mercado. Esto puede resultar en una mayor presencia y reconocimiento de marca.

Ética Empresarial en el Cambio

La ética empresarial es un componente crítico en cualquier proceso de cambio y transformación. Mantener altos estándares éticos es esencial para preservar la reputación y la confianza en la organización, especialmente cuando se implementan cambios significativos. Las empresas deben asegurarse de que sus acciones y decisiones estén alineadas con valores éticos sólidos. Esto incluye ser transparentes en la comunicación, tratar a los empleados y socios de manera justa y ética, y considerar el impacto de sus acciones en la sociedad y el medio ambiente. Una ética sólida durante el cambio no sólo es moralmente correcta, sino que también puede ayudar a ganar el apoyo de los empleados y clientes.

Casos de Estudio de Éxito

Los casos de estudio de éxito son una fuente valiosa de conocimiento y aprendizaje. Estudiar ejemplos de organizaciones que han logrado con éxito procesos de cambio y transformación proporciona información práctica sobre las estrategias efectivas que se pueden aplicar en contextos similares. Estos casos pueden inspirar nuevas ideas y enfoques, identificar mejores prácticas y advertir sobre posibles desafíos. Las organizaciones pueden aprender de la experiencia de otras empresas y adaptar sus estrategias de transformación en función de lo que haya funcionado en el pasado.

En conjunto, estas estrategias son fundamentales para el éxito en la transformación empresarial. La resiliencia empresarial prepara a la organización para enfrentar desafíos, mientras que la capacitación y el desarrollo de empleados, la ética empresarial y el estudio de casos de éxito proporcionan las herramientas necesarias para navegar y prosperar en un entorno empresarial en constante cambio.

Los casos de estudio de éxito son tesoros de conocimiento que ofrecen lecciones concretas sobre cómo las organizaciones han logrado con éxito procesos de cambio y transformación. Aquí, vamos a explorar más a fondo la importancia de estos casos y cómo pueden beneficiar a las empresas:

Lecciones Prácticas: Los casos de estudio exitosos proporcionan lecciones prácticas basadas en la experiencia real. Al estudiar casos similares, las organizaciones pueden descubrir estrategias específicas que han funcionado en situaciones comparables. Esto es especialmente valioso cuando se enfrentan a desafíos específicos dentro de su industria.

Inspiración y Creatividad:
Los casos de estudio exitosos pueden inspirar a los líderes y equipos a pensar de manera creativa. Al ver ejemplos de cómo otras organizaciones han abordado la transformación, se pueden identificar nuevas ideas y enfoques que pueden aplicarse de manera efectiva en el contexto de la propia empresa.

Mejores Prácticas: Los casos de estudio a menudo resaltan las mejores prácticas. Pueden mostrar cómo se optimizaron procesos, se mejoraron las relaciones con los clientes o se implementaron estrategias de liderazgo efectivas. Al adoptar estas mejores prácticas, las organizaciones pueden mejorar su eficiencia y competitividad.

Alerta de Desafíos: Los casos de estudio no solo se centran en el éxito, sino que también pueden destacar los desafíos y obstáculos que se enfrentaron. Esto ayuda a las organizaciones a estar preparadas para los posibles obstáculos y a tomar medidas proactivas para superarlos.

Aprendizaje Continuo: La transformación empresarial es un proceso continuo. Al estudiar casos de éxito, las organizaciones pueden mantenerse al día con las últimas tendencias y enfoques en el mundo empresarial. Esto promueve un aprendizaje continuo y la adaptación constante a nuevas circunstancias.

Adaptación de Estrategias: Los casos de estudio no deben considerarse simplemente como plantillas para la acción, sino como fuentes de inspiración para adaptar estrategias. Cada organización es única, y lo que funciona en un contexto puede no ser directamente aplicable a otro. Sin embargo, los casos de estudio exitosos proporcionan una base sólida sobre la cual construir y adaptar estrategias específicas a las necesidades y circunstancias de la empresa.

En resumen, los casos de estudio de éxito son una fuente valiosa de aprendizaje y guía en la transformación empresarial. Proporcionan lecciones prácticas, inspiración, mejores prácticas y alertan sobre desafíos potenciales. Al estudiar y adaptar estrategias basadas en casos exitosos, las organizaciones pueden mejorar su agilidad, eficiencia y capacidad para prosperar en un entorno empresarial en constante cambio.

Capítulo 6

La Visión Futura de la Gestión Empresarial

La visión futura de la gestión empresarial se encuentra en constante evolución para adaptarse a un entorno empresarial cada vez más complejo y cambiante. Esta visión abarca una serie de tendencias y paradigmas emergentes que están dando forma a las formas en que las organizaciones se estructuran y operan. Aquí se exploran algunos aspectos clave de la visión futura de la gestión empresarial:

Agilidad Organizacional:
Una de las principales tendencias es la adopción de estructuras empresariales más ágiles y flexibles. Las organizaciones están abandonando las jerarquías rígidas en favor de modelos más planos y descentralizados. Esto permite tomar decisiones más rápidas y eficientes, adaptarse a los cambios del mercado con mayor facilidad y fomentar la innovación en todos los niveles.

Enfoque en la Experiencia del Empleado:
Las empresas están reconociendo la importancia de la experiencia del empleado para su éxito. Esto incluye la

creación de culturas de trabajo positivas, la promoción del bienestar y el equilibrio entre trabajo y vida personal, y la capacitación y desarrollo continuo de los empleados. Las organizaciones comprenden que empleados comprometidos y satisfechos son más productivos y contribuyen al éxito empresarial.

Digitalización y Transformación Digital:
La tecnología sigue desempeñando un papel fundamental en la gestión empresarial. La transformación digital no se trata sólo de adoptar nuevas herramientas tecnológicas, sino de repensar los modelos de negocio y los procesos para aprovechar al máximo la tecnología. Esto incluye la automatización de tareas, la recopilación y el análisis de datos para la toma de decisiones basadas en datos, y la adopción de soluciones de inteligencia artificial y aprendizaje automático.

Sostenibilidad y Responsabilidad Social:
Las organizaciones están cada vez más comprometidas con la sostenibilidad ambiental y la responsabilidad social. Esto se refleja en prácticas comerciales más éticas, la reducción de la huella de carbono, la promoción de la diversidad e inclusión, y el compromiso con iniciativas filantrópicas. La sostenibilidad se ha convertido en un imperativo tanto desde el punto de vista ético como comercial.

Colaboración y Redes:
Las empresas están buscando oportunidades de colaboración y asociación en lugar de competencia pura y

dura. Las alianzas estratégicas y las redes empresariales permiten aprovechar el conocimiento y los recursos de otras organizaciones para lograr objetivos comunes. Esto puede incluir colaboraciones en investigación y desarrollo, expansión de mercado o compartir mejores prácticas.

Cultura de la Innovación:

Las organizaciones están fomentando una cultura de innovación que alienta a los empleados a proponer nuevas ideas y soluciones. La innovación se valora no solo en productos y servicios, sino también en procesos y modelos de negocio. Las empresas buscan mantenerse a la vanguardia de la competencia a través de la creatividad y la adaptabilidad.

Globalización y Diversificación:

Las empresas están explorando oportunidades en mercados globales y diversificando sus operaciones para reducir el riesgo y aprovechar nuevas oportunidades. Esto puede implicar la expansión internacional, la adquisición de empresas complementarias o la diversificación de productos y servicios.

En resumen, la visión futura de la gestión empresarial se orienta hacia la agilidad, la digitalización, la sostenibilidad y la colaboración. Las organizaciones que adoptan estos paradigmas emergentes están mejor preparadas para prosperar en un entorno empresarial en constante cambio y enfrentar los desafíos y oportunidades que se presentan en el futuro.

Sostenibilidad y Responsabilidad Social

La sostenibilidad y la responsabilidad social son dos aspectos clave que están ganando una creciente importancia en la gestión empresarial moderna. Estos principios trascienden el enfoque tradicional en la maximización de beneficios financieros y abrazan una visión más amplia de la responsabilidad de las empresas hacia la sociedad y el medio ambiente.

Aquí se amplían estos conceptos:

- **Sostenibilidad:**
  La sostenibilidad empresarial implica la adopción de prácticas que aseguren que la organización pueda operar de manera continua y rentable a largo plazo sin agotar recursos naturales ni dañar el entorno. Esto abarca desde la gestión responsable de los recursos naturales y la minimización de desechos hasta la reducción de la huella de carbono y la transición hacia fuentes de energía renovable. La sostenibilidad no solo es una cuestión ética, sino que también puede generar eficiencias operativas, reducir costos y mejorar la reputación de la empresa.

- **Responsabilidad Social Empresarial (RSE):**
  La RSE implica que las empresas asuman la responsabilidad de sus impactos sociales, éticos y ambientales. Esto incluye consideraciones como el

trato justo a los empleados, la promoción de la diversidad y la inclusión, el respeto por los derechos humanos, el apoyo a comunidades locales y la contribución a causas benéficas. Las empresas que practican la RSE no solo cumplen con sus obligaciones legales, sino que van más allá para generar un impacto positivo en la sociedad y construir relaciones más sólidas con clientes, empleados y otros stakeholders.

- **Tendencias en Sostenibilidad:**
  En el futuro, se espera que la sostenibilidad empresarial continúe evolucionando. Esto incluye la integración de los Objetivos de Desarrollo Sostenible de las Naciones Unidas en las estrategias corporativas, la adopción de prácticas de economía circular que minimicen el desperdicio y la implementación de informes de sostenibilidad transparentes que brinden a los stakeholders una visión completa de las actividades sostenibles de la empresa.

Tendencias Futuras en la Gestión Empresarial

El mundo empresarial está en constante evolución, impulsado por avances tecnológicos, cambios en la demanda del mercado y desafíos globales. Las tendencias futuras en la gestión empresarial ofrecen una visión de cómo las organizaciones se adaptarán y prosperarán en este entorno cambiante.

Algunas de estas tendencias incluyen:

Digitalización y Automatización:
La transformación digital continuará siendo una tendencia clave, con un enfoque en la automatización de tareas rutinarias y la adopción de tecnologías emergentes como la inteligencia artificial y el aprendizaje automático. Esto mejorará la eficiencia operativa y permitirá una toma de decisiones más basada en datos.

Teletrabajo y Flexibilidad Laboral:
La pandemia de COVID-19 aceleró la adopción del teletrabajo y la flexibilidad laboral. En el futuro, se espera que las organizaciones continúen ofreciendo opciones de trabajo remoto y horarios flexibles, lo que requerirá una gestión efectiva de equipos dispersos geográficamente.

Sostenibilidad y Cambio Climático:
La sostenibilidad ambiental seguirá siendo un tema central, con un enfoque en la reducción de emisiones de carbono, la gestión del agua y la adopción de prácticas comerciales más ecológicas. Las empresas también se enfrentarán a la presión para abordar los riesgos relacionados con el cambio climático en sus operaciones y cadenas de suministro.

Diversidad e Inclusión:
La diversidad y la inclusión serán fundamentales para la gestión empresarial futura. Las organizaciones se centrarán en la creación de culturas inclusivas y en la promoción de la diversidad en todos los niveles de la empresa, desde la junta directiva hasta los equipos de base.

Innovación y Adaptabilidad: La velocidad del cambio continuará aumentando, lo que requerirá que las organizaciones sean ágiles e innovadoras para mantenerse competitivas. La capacidad de adaptación y la capacidad de aprender rápidamente serán factores críticos para el éxito.

La gestión empresarial del futuro estará marcada por un enfoque en la sostenibilidad, la responsabilidad social, la digitalización, la flexibilidad laboral y la adaptabilidad. Las organizaciones que abrazan estas tendencias estarán mejor preparadas para prosperar en un mundo empresarial en constante evolución.

En resumen, una breve reflexión.

El contenido de un libro sobre el cambio en la gestión empresarial y las tendencias emergentes ofrece una ventana al emocionante y dinámico mundo de los negocios en constante evolución. Reflexionar sobre estas ideas y conceptos puede proporcionar una visión profunda y valiosa de cómo las organizaciones están adaptándose a un entorno empresarial en rápida transformación.

Aquí te ofrezco una reflexión sobre el contenido de ese libro y las perspectivas de lo nuevo que se avecina:

Este libro es un testimonio de cómo el panorama empresarial se ha transformado en una era de cambio constante e innovación disruptiva. Las viejas formas de gestionar empresas ya no son suficientes en un mundo impulsado por avances tecnológicos, cambios en las preferencias de los consumidores y desafíos globales. El contenido revela cómo las organizaciones están adoptando una mentalidad ágil, impulsando la sostenibilidad y la responsabilidad social, y abrazando la tecnología como aliada en su viaje hacia el éxito.

Una de las ideas clave es la agilidad organizacional, que ha emergido como un concepto central. Las estructuras jerárquicas tradicionales están siendo reemplazadas por modelos más horizontales y flexibles. Esto permite una toma de decisiones más rápida y la capacidad de adaptarse a los cambios del mercado con mayor facilidad. La agilidad también fomenta una cultura de innovación, donde la creatividad y la experimentación se valoran y se alientan.

La digitalización y la transformación digital son temas recurrentes en el libro. La tecnología está revolucionando la forma en que operan las empresas, desde la automatización de procesos hasta la toma de decisiones basada en datos. Los ejemplos de éxito demuestran cómo las organizaciones pueden aprovechar la inteligencia artificial, el aprendizaje automático y la analítica avanzada para ganar ventaja competitiva.

La sostenibilidad y la responsabilidad social son aspectos que no se pueden pasar por alto.

Las empresas están reconociendo la necesidad de operar de manera ética y sostenible, no solo como una responsabilidad hacia la sociedad y el medio ambiente, sino también como un camino hacia la longevidad y la prosperidad. Los ejemplos inspiradores muestran cómo las organizaciones pueden reducir su huella de carbono, promover la diversidad y contribuir a causas benéficas mientras mantienen el éxito financiero.

La gestión empresarial del futuro se perfila como un terreno emocionante y desafiante. La reflexión sobre este libro nos insta a ser agentes activos del cambio y la innovación en nuestras propias organizaciones. Nos recuerda que, en un mundo empresarial en constante evolución, la capacidad de aprender, adaptarse y abrazar nuevas ideas es esencial para el éxito.

En última instancia, el contenido de este libro nos desafía a pensar de manera diferente, a cuestionar las convenciones y a estar dispuestos a abrazar el cambio. Nos alienta a estar atentos a las tendencias emergentes y a ser proactivos en la adopción de nuevas estrategias y enfoques. En un mundo empresarial que nunca se detiene, la capacidad de evolucionar y prosperar se convierte en la clave para el éxito continuo. Este libro es un llamado a la acción y una guía inspiradora para navegar por las aguas turbulentas de la gestión empresarial moderna.

Acerca del autor.

El autor de este libro, Max H Lucca, es un experimentado profesional con una carrera que abarca dos décadas en la gestión de equipos de tecnología de la información (IT). Su trayectoria como emprendedor y su trabajo con diversas empresas en la gestión de la transformación, dirección de proyectos tecnológicos y la aplicación de nuevas metodologías lo han convertido en un referente en su campo. Durante su carrera, ha participado en proyectos en una variedad de sectores, desde retailers hasta bancos y moda. Ha liderado la implementación de nuevos desarrollos, la creación de soluciones innovadoras y la mejora de las comunicaciones internas y externas.

Lo que lo distingue es su capacidad para gestionar proyectos de todas las dimensiones y su habilidad para introducir cambios radicales en la construcción de equipos de trabajo. Ha sido un impulsor incansable de la creación de células autosuficientes y altamente dinámicas, lo que ha llevado a una reducción significativa en los tiempos de entrega de objetivos. Su enfoque también se ha centrado en cambiar la mentalidad de los equipos para que estén más orientados a agregar valor al producto y al cliente.

A lo largo de su carrera, Max ha sido un estudioso y autodidacta en la gestión empresarial, estudiando y analizando cada caso en cada empresa y proyecto. Ha demostrado una capacidad única para adaptar metodologías a las necesidades específicas de cada organización y equipo de trabajo. La cultura de la comunicación ha sido una constante en su enfoque, permitiéndole transformar la forma en que se trabaja en las organizaciones y mejorar continuamente los procesos y la colaboración.

Los conocimientos adquiridos por Max a lo largo de su carrera se han aplicado de manera práctica y efectiva en cada proyecto, lo que ha llevado a perfeccionar sus métodos y enfoques día a día.

Este libro es el resultado de su experiencia y esfuerzo continuo para compartir sus conocimientos y ayudar a otras organizaciones a lograr cambios significativos en sus estructuras empresariales. A través de este libro, Max busca destacar la importancia de la transformación organizacional para obtener resultados diferentes, añadir un mayor valor, reducir tiempos y costos, y alcanzar el éxito en un mundo empresarial en constante evolución. Su historia es una fuente de inspiración y aprendizaje para todos aquellos interesados en liderar el cambio y la innovación en sus propias organizaciones.

Hoja de ruta:
In: www.linkedin.com/in/maxilucca

Max H Lucca.

Bibliografía.

Pensadores sobre los cambios en la gestión estructurales empresariales.

A lo largo de la historia de la gestión empresarial, ha habido numerosos pensadores y expertos que han dejado una huella significativa en la transformación de las estructuras empresariales. Estos son algunos de los más influyentes:

Peter Drucker (1909-2005): Considerado el padre de la gestión moderna, Peter Drucker introdujo conceptos fundamentales como la gestión por objetivos (MBO) y la importancia de la eficacia y la eficiencia en las organizaciones. Sus ideas han tenido un impacto duradero en la gestión empresarial y la forma en que se conciben las estructuras organizativas.

Frederick Taylor (1856-1915): Conocido como el padre de la administración científica, Taylor promovió la idea de aplicar métodos científicos para mejorar la eficiencia en la producción y el trabajo. Su enfoque en la estandarización y la medición del rendimiento contribuyó a la creación de estructuras organizativas más eficientes.

Elton Mayo (1880-1949): Junto con su trabajo en la Escuela de Relaciones Humanas, Elton Mayo cambió la forma en que se comprendía la motivación y la productividad de los empleados. Sus estudios sobre la importancia de las relaciones humanas en el lugar de trabajo llevaron a un enfoque más centrado en las personas en las estructuras organizativas.

Douglas McGregor (1906-1964): McGregor es conocido por su teoría X e Y sobre la motivación de los empleados. Sus ideas influyeron en la forma en que los líderes gestionan y se relacionan con su personal, alentando un enfoque más participativo y colaborativo en la gestión.

W. Edwards Deming (1900-1993): Deming fue un experto en gestión de calidad cuyas ideas y métodos ayudaron a transformar las prácticas empresariales en Japón y en todo el mundo. Su enfoque en la mejora continua y la calidad total tuvo un impacto duradero en la gestión de la calidad y la estructura organizativa.

Tom Peters y Robert Waterman: Autores del libro "**En busca de la excelencia**", Peters y Waterman destacaron las características clave de las empresas exitosas, como la atención al cliente, la cultura empresarial fuerte y la descentralización de la toma de decisiones. Su trabajo influyó en la forma en que se gestionan y estructuran las organizaciones.

Michael Porter: Conocido por su modelo de las cinco fuerzas competitivas, Michael Porter ha influido en la forma en que las empresas diseñan sus estrategias competitivas y organizan sus estructuras empresariales para obtener ventajas competitivas sostenibles.

Clayton Christensen (1952-2020): Christensen es famoso por su teoría de la innovación disruptiva, que ha cambiado la forma en que las empresas abordan la innovación y la adaptación a entornos cambiantes. Sus ideas han sido cruciales para las organizaciones que buscan transformar sus estructuras para mantenerse competitivas.

Estos pensadores de la gestión han dejado una marca indeleble en la forma en que las empresas diseñan sus estructuras organizativas y gestionan sus operaciones. Sus ideas han influido en la evolución de la gestión empresarial y continúan siendo relevantes en el mundo empresarial actual.

Liderazgo y motivación.

Durante el último siglo, ha habido varios líderes y expertos en liderazgo y motivación que han influido significativamente en la forma en que se conciben y practican estos aspectos en el ámbito empresarial y organizativo. Algunos de los más destacados incluyen:

Peter Drucker (1909-2005): Peter Drucker, conocido como el padre de la gestión moderna, influyó en gran medida en la teoría y práctica de la gestión. Sus escritos sobre liderazgo, toma de decisiones y gestión de organizaciones han sido fundamentales para la evolución del liderazgo empresarial en el siglo XX.

Dale Carnegie (1888-1955): Dale Carnegie, autor de **"Cómo ganar amigos e influir en las personas"**, ha dejado una marca indeleble en la comprensión de la importancia de las habilidades sociales y la empatía en el liderazgo y la motivación de equipos.

Abraham Maslow (1908-1970): El psicólogo Abraham Maslow desarrolló la **"Jerarquía de necesidades"**, una teoría que ha influido en la comprensión de las necesidades humanas y su relación con la motivación en el trabajo y el liderazgo.

Warren Bennis (1925-2014): Warren Bennis fue un influyente teórico del liderazgo que enfatizó la importancia de la autenticidad y la visión compartida en el liderazgo efectivo. Sus ideas sobre el liderazgo transformacional han tenido un impacto significativo en la gestión moderna.

John Kotter: El profesor John Kotter es conocido por su trabajo en el campo del cambio organizativo y el liderazgo en tiempos de transformación. Su modelo de ocho pasos para el cambio ha guiado a líderes y empresas en la gestión efectiva de procesos de cambio.

Daniel Goleman: Daniel Goleman es conocido por popularizar el concepto de inteligencia emocional (EQ) y su influencia en el liderazgo. Ha argumentado que el liderazgo efectivo implica la gestión de las emociones propias y de los demás, lo que ha llevado a una mayor atención a las habilidades emocionales en el liderazgo.

Jim Collins: Autor de libros como **"Empresas que sobresalen"**, Jim Collins ha investigado y documentado las características y prácticas de liderazgo que impulsan el éxito sostenible de las organizaciones. Sus conceptos, como el "nivel 5 de liderazgo", han influido en la forma en que se buscan líderes excepcionales.

Simon Sinek: ha destacado la importancia de comenzar con el **"por qué"** en el liderazgo y la comunicación organizativa. Su trabajo ha influido en cómo las organizaciones definen su propósito y se conectan emocionalmente con sus empleados y clientes. Autor de libros como **"Start with Why"** (Comienza con el por qué) y **"Leaders Eat Last"** (Los líderes comen al final), en los que explora la idea de que las organizaciones y los líderes efectivos deben comenzar por definir su propósito o razón de ser ("el por qué") antes de abordar el "cómo" y el "qué". Su popular charla TED, titulada "Cómo los grandes líderes inspiran la acción", ha sido vista por millones de personas en todo el mundo y ha influido en la forma en que se comprende el liderazgo.

Estos líderes y expertos en liderazgo y motivación han dejado una marca duradera en la teoría y la práctica de la gestión y el liderazgo en el siglo XX y el siglo XXI. Sus ideas y enfoques continúan siendo relevantes y guían a líderes y organizaciones en todo el mundo.

Dentro de la lectura y guía práctica, más libros sobre este autor:

1. El cambio en la gestión empresarial.
2. La organización de equipos multidisciplinarios.
3. Comunicación Efectiva en Organizaciones Modernas: Del Caos a la Claridad.
4. Black Book of Scrum. La guía definitiva.

Leaderships Evolves

by Max H Lucca

www.ingramcontent.com/pod-product-compliance
Lightning Source LLC
Chambersburg PA
CBHW072327290526
45794CB00002B/778